핵심이론과 함께하는

파이널 패스 100선

박문각 공인중개사
이영섭 부동산학개론

브랜드만족
1위
박문각

2024

부동산학개론 이영섭 파이널패스 100선

테마 001
표준산업별 분류에 따른 부동산업

1) 부동산업 : 부동산 임대 · 공급 ‖ 관련 서비스업	1) 부동산업 : 임 · 공 ‖ 서
2) 부동산 임대 및 공급업 : 임대, 개발 및 공급업	2) 임 · 공 : 임 ‖ 개 · 공
3) 부동산 관련 서비스업 : 관리 · 중개 · 자문 및 평가	3) 서비스 : 관 · 중 · 자 · 평
4) 부동산 관리업 : 주거용 (아파트) / 비주거용 (사무용)	4) 관리 : 주(아), 비(사)

1 표준산업분류상 부동산업에 대한 설명으로 틀리게 설명된 것은?

① 표준산업분류상 부동산업은 부동산 임대 및 공급업, 관련 서비스업으로 분류된다.
    ① 업 : 임공서

② 부동산 관련 서비스업은 부동산 관리업, 중개업, 자문 및 평가업으로 구분된다.
    ② 서비스 → 관중자평

③ 부동산 관리업은 부동산 임대 및 공급업에 포함된다.
    ③ 관리 : 서비스

④ 부동산 관련 서비스업 중 부동산 관리업은 주거용 부동산 관리업과 비주거용 부동산 관리업으로 분류된다.
    ④ 관리 : 주비

⑤ 부동산 투자 자문업과 부동산 중개 및 대리업은 표준산업분류상 부동산 관련 서비스업에 포함된다.
    ⑤ 자, 중 : 서비스업

기출지문

(1) 24회] 부동산 투자 및 금융업은 부동산업에 해당 [한다 vs 하지 않는다]

(2) 28회] 사무용 건물관리, 아파트 관리는 부동산 관리업에 해당 [한다 vs 하지 않는다]

(3) 31회] 부동산 개발 및 공급업은 부동산 관련 서비스업에 해당 [한다 vs 하지 않는다]

— 테마 002 —
복합개념

1) 부동산의 법률적, 경제적, 기술적 개념	1) 법 · 경 · 기
2) 유형 = 기술 = 물리적 : 공간, 자연, 위치, 환경	2) 기술 : 공, 자, 위, 환
3) 경제적 = 자산, 자본, 생산요소, 소비재, 상품	3) 경제적 : 자자생소상
4) 법률적 = 협의의 부동산 + 광의의 부동산	4) 법률 : 협의와 광의
5) 협의 = 좁은 = 민법상 부동산 = 토지 + 정착물	5) 협의 = 좁은 = 민법 = 토정
6) 광의 = 넓은 = 협의의 부동산 + 준(의제)	6) 광의 = 협의 + 준

2 부동산의 복합개념에 대한 설명으로 옳은 것은?

① 복합부동산이란 부동산을 법률적, 경제적, 기술적 측면 등의 복합된 개념으로 이해하는 것을 말한다.	① 복합개념: 법경기
② 민법상 부동산에는 토지 및 정착물외에 준부동산이 포함된다.	② 민법상 : 토 + 정
③ 경제적 개념의 부동산은 생산요소, 자산, 공간, 자연등을 의미한다.	③ 공간,자연: 기술적
④ 넓은 의미의 부동산에는 좁은 의미의 부동산에 의제부동산이 포함된다.	④ 넓은= 좁은 +의제
⑤ 준(準)부동산은 부동산과 유사한 공시방법을 갖춤으로써 좁은 의미의 부동산에 포함된다.	⑤ 준 = 넓은 의미

기출지문

(1) 22, 33회] 토지는 생산재이지만 소비재는 아니다. [○, ×]

─ 테마 003 ─
복합개념 : 법률적 개념

이론1　소유권의 법률적 내용

1) 내용 : 법률의 범위 내에서 사용, 수익, 처분	1) 사수처
2) 범위 : 정당한 이익 내에서 상·하에 미침	2) 상하 = 입체적
3) 공시 : 부동산 → 등기에 의함	3) 등기
4) 성격 : 상대적 [제한 가능성]	4) 상대적

이론2　정착물 및 준부동산

1) 민법상 정착물 : 종속 [일부] + 독립 [다른]	1) 종속 + 독립 [일부 + 다른]
2) 독립정착물 : 건물, 명인방법, 입목, 타인토지 재배중	2) 건물, 명인, 입목, 재배중
3) 동산 : 정착물 취급× : 가식중인 수목, 경작수확물	3) 동산 : 가식, 수확물
4) 준부동산 : 부동산과 유사한 공시방법 [등기, 등록]	4) 등기, 등록, 동산

3　부동산의 법률적 개념에 대한 설명으로 틀린 것은?

① 토지의 정착물은 토지의 일부로 간주되는 것과 토지와는
서로 다른 부동산으로 간주되는 것으로 구분된다.

　① 일부 + 다른

② 구거(溝渠)는 토지의 일부로 간주되는 정착물이다.

　② 구거 : 일부(종속)

③ 소유권 보존 등기된 입목(立木)과 명인방법에 의한 수목은
독립정착물로 간주된다.

　③ 입목, 명인방법
　　: 독립정착물

④ 경작 수확물은 정착물로 간주된다.

　④ 경작수확물: 동산

⑤ 공장재단은 준(準)부동산으로서 넓은 의미의 부동산에
포함되며, 복합개념 중 법률적 개념의 부동산에 해당한다.

　⑤ 공장재단
　　→ 넓은, 법률적

테마 004
토지의 구분

1) ★★★★★ 수면 밑으로 잠긴, 하천으로 변한	1) 포락지
2) ★★★★★ 임지, 농지, 택지 상호간 전환중	2) 후보지
3) ★★★★ 등기, 등록, 지번단위	3) 필지
4) ★★★★ 해변, 소유권×, 활용이익○	4) 빈지
5) ★★★ 도로와 접속면×	5) 맹지
6) ★★★ 개발되기 이전, 자연상태	6) 소지
7) ★★ 임지, 농지, 택지지역 내에서 전환중	7) 이행지
8) ★★ 고압선 아래, 거래제한	8) 선하지
9) ★★ 건물×, 사법×, 공법○	9) 나지
10) ★★ 공법상 제한으로 남은 (비워놓은)	10) 공지
11) ★ 경계사이의 경사진 부분	11) 법지
12) 지력회복, 정상적 휴식	12) 휴한지
13) 경제적 개념, 가격수준이 비슷	13) 획지
14) 인공수로	14) 구거
15) 지가공시 : 표준지 vs 표본지	15) 표준지

기출지문

(1) 25회] 건부지가격은 건부감가에 의해 나지가격보다 [높게 vs 낮게] 평가된다.

(2) 29회] 용도상 불가분의 관계에 있는 2필지 이상의 일단의 토지는 [   ]이다.

(3) 33회] 도시개발사업에 필요한 경비에 충당하기 위해 환지로 정하지 아니한 토지는?

4　토지의 분류에 대한 설명으로 옳은 것은?

① 택지는 도로에 직접 연결되지 않은 토지이다.

② 건폐율·용적률의 제한으로 건물을 짓지 않고 남겨둔 토지를 나지라고 한다.

③ 공지는 지력회복을 위해 정상적으로 쉬게 하는 토지를 말한다.

④ 이행지는 택지지역·농지지역·임지지역 상호간에 다른 지역으로 전환되고 있는 일단의 토지를 말한다.

⑤ 필지는 공간정보의 구축 및 관리등에 관한 법령과 부동산 등기법령에서 정한 하나의 등록단위로 표시하는 토지이다.

① 접속면X : 맹지

② 남겨둔 : 공지

③ 지력회복 : 휴한지

④ 상호간 : 후보지

⑤ 등기, 등록: 필지

기출지문

(1) 26회] 지적공부에 등록된 토지가 물에 침식되어 수면 밑으로 잠긴 토지를 [포락지 vs 빈지]라고 한다.

(2) 30회] 개발되기 이전의 자연상태의 토지는 [빈지 vs 소지 vs 맹지]다.

(3) 32회] [필지 vs 획지] 는 인위적·자연적·행정적 조건에 따라 다른 토지와 구별되는 가격 수준이 비슷한 일단의 토지를 말한다.

(4) 32, 34회] 택지지역 내에서 주거지역이 상업지역으로 용도변경이 진행되고 있는 토지를 [후보지 vs 이행지]라고 한다.

(5) 34회] 소유권이 인정되지 않는 바다와 육지 사이의 해변 토지를 [포락지 vs 빈지]라고 한다.

—— 테마 005 ——
주택의 분류

1) 3개층↓, 660m²↓, 학생·직장인, 욕실O, 취사×

2) 3개층↓, 660m²↓, 19세대 이하 [구분등기×]

3) 4개층↓, 660m²↓, 공동주택, [구분등기O]

4) 4개층↓, 660m²초과, 공동주택

5) 5개층 이상

6) 도시형 생활주택 : [300세대]미만 , 분양가 상한제×

7) 주택외의 건축물과 부속토지 ‖ 주거시설로 이용
   [오피스텔, 노인복지주택, 다중생활시설, 기숙사]

1) ★다중주택 : 중·학생

2) 다가구주택 : 369

3) 다세대주택

4) 연립주택 : 66초과

5) 아파트 : 5개이상

6) 도생 : 300, 분상×

7) 준주택 [주택외]

5 주택의 분류와 관련된 설명으로 옳은 것은?

① 다세대주택은 주택으로 쓰는 1개 동의 바닥면적 합계가
   330m² 이하이고, 층수가 5개 층 이하인 주택이다.

① 다세대: 660↓,4↓

② 연립주택은 주택으로 쓰는 1개 동의 바닥면적 합계가
   660m² 이하이고, 층수가 4개 층 이하인 주택이다.

② 연립 : 660초과

③ 학교 또는 공장 등의 학생 또는 종업원 등을 위하여 쓰는
   것으로서 1개 동의 공동취사시설 이용 세대 수가 전체의
   50퍼센트 이상인 주택을 기숙사라고 한다.

③ 학교,공장 :기숙사

④ 다세대주택은 학생 또는 직장인등 여러 사람이 장기간
   거주할 수 있는 구조로 되어 있는 주택을 의미한다.

④ 학생,직장인: 다중

⑤ 도시형생활주택은 350세대 미만의 국민주택규모에
   해당하는 주택이다.

⑤ 도생 : 300미만

─ 테마 006 ─
토지의 특성

1) 외부효과를 유발함		12) 동산과 부동산의 구분기준	
2) 표준지 선정이 어려움		13) 가치보존력이 우수함	
3) 가치(value)의 개념		14) 토지의 공급조절이 어려움	
4) 소모를 전제로 하는 이론 불성립		15) 일물일가의 법칙 불성립	
5) 부동산 조세수입의 근거		16) 부동산활동 및 현상의 국지화	
6) 토지이용의 집약화		17) 임장활동의 필요성	
7) 완전한 대체관계 성립불가		18) 생산비를 투입하여 생산불가	
8) 최유효이용		19) 지대 및 지가의 발생, 지가고	
9) 정보수집 및 가치추계의 어려움		20) 완전한 대체불가	
10) 독점소유욕		21) 지역분석의 필요성	
11) 장기적 의사결정, 관리의 중요성		22) 공간수요경쟁 (수요자 경쟁)	

6 토지의 특성과 관련된 설명으로 틀린 것은?

① 토지는 부증성으로 인해서 물리적 관점에 대해서는 장 · 단기적으로 완전비탄력적이다.

　① 토 · 물 완비

② 지리적 위치의 고정성으로 인하여 토지시장은 국지화된다.

　② 부동성 : 국지화

③ 부증성은 지대 또는 지가를 발생시키며, 최유효이용의 근거가 된다.

　③ 지가, 최유효이용 → 부증성

④ 부증성 때문에 이용전환을 통한 토지의 용도적 공급은 불가능하다.

　④ 용도적 공급 가능!

⑤ 부증성으로 인해 토지의 공급조절이 어렵고, 소유욕구가 증대된다.

　⑤ 부증성 →공급조절,소유욕

─ 테마 007 ─
부동산의 수요 및 공급

1) 수요(공급)량 : 구매 하고자 , 유효수요, 유량
2) 유량 (flow) : 기간 (월, 년)
3) 저량 (stock) : 시점 (현재)
   → 재고, 자산(자본), 가치, 부채, 인구, 통화량
4) 수요법칙 : 가격상승 → 수요량 감소 [반비례]
5) 공급법칙 : 가격상승 → 공급량 증가 [정비례]
6) 수요량의 변화 : 해당재화 가격, 곡선상, 점의 이동
7) 수요의 변화 : 가격이외, 곡선자체, 곡선이동

1) 사전적, 유효수요, 유량
2) 유량 : flow : 기간
3) 저 : 재자가부인 ‖ 통화

4) 수요법칙 : 반비례
5) 공급법칙 : 정비례
6) 수요량 : 가격, 상, 점
7) 수요: 가격이외, 곡선자체

7 부동산의 수요 및 공급에 관한 설명으로 옳은 것은?

① 수요량은 일정 기간에 실제로 구매한 수량이다.

② 주택재고, 가계자산, 신규주택공급량, 자본총량은 저량이다.

③ 아파트 가격 상승이 예상되면 수요량의 변화로 동일한 수요곡선상에서 상향으로 이동하게 된다.

④ 담보대출 금리가 상승하면 수요량의 변화로 동일한 수요곡선상에서 하향으로 이동하게 된다.

⑤ 가격이외의 다른 요인이 수요량을 변화시키면 수요곡선자체의 변화가 나타난다.

① 구매하고자 하는

② 신규공급: 유량

③ 예상 : 곡선자체

④ 금리 : 곡선자체

⑤ 가격이외
   → 곡선자체

기출지문

(1) 34회] 공급량과 그 공급량에 영향을 주는 요인들과의 관계를 나타낸 것이 [　　　　]이다.

(2) 34회] 부동산 시장수요곡선은 개별수요곡선을 [수평 vs 수직]적으로 합하여 도출한다.

—— 테마 008 ——
부동산의 수요변화요인

1) 대체재 수요 - ⇨ 수요 (+) : 균형가격 (+)	1) 대체재 : 수반 [수요 - : +, +]
2) 대체재 가격 + ⇨ 수요 (+) : 균형가격 (+)	2) 대체재 : 가동 [가격 + : +, +]
3) 보완재 수요 - ⇨ 수요 (-) : 균형가격 (-)	3) 보완재 : 수동 [수요 - : -, -]
4) 보완재 가격 + ⇨ 수요 (-) : 균형가격 (-)	4) 보완재 : 가반 [가격 + : -, -]
5) 가격상승기대 : 수요증가	5) 상승예상 : 수+
6) 가격하락예상 : 수요감소	6) 하락예상 : 수-

8 부동산의 수요에 관한 설명으로 옳은 것은?

① 보완재의 가격하락은 수요곡선을 우측으로 이동시킨다.

② 대체주택 가격하락은 수요곡선을 우측으로 이동시킨다.

③ 아파트의 가격이 하락하면 대체재인 오피스텔의
수요를 증가시키고 오피스텔의 가격을 상승시킨다.

④ 해당 부동산 가격의 하락은 수요곡선을 우측으로 이동시킨다.

⑤ 부동산 가격상승에 대한 기대감은 수요곡선의 좌측이동
요인이다.

① 가반 [가- : 수+]

② 가동 [가- : 수-]

③ 가동 [가 -]
→ 수[-], 가[-]

④ 해당가격 : 곡선상

⑤ 가격상승기대감
→ 수요곡선 우측

기출지문

(1) 25, 26, 31, 34회] 부동산 수요감소 요인은 몇 개인가? [   ]개

Ⓐ 거래세 인상	Ⓑ 대출금리 상승	Ⓒ 인구감소	Ⓓ 선호도 감소

── 테마 009 ──
부동산의 공급

1) 공급량 : 특정 가격수준 ‖ 메도하고자 하는
2) 토지의 물리적 공급 : 불가 : 완전비탄력
3) 부동산의 물리적 공급 : 단기 비탄력 ‖ 장기 탄력
4) 신축공급 : 단기불변 ‖ 장기적으로만 영향

1) 사전적, 유효공급
2) 토물 : 완비[수직], 탄력성=0
3) 부물 : 단비장탄
4) 신축 : 단기불변

9 부동산의 공급과 관련된 설명으로 틀린 것은?

① 공급량은 주어진 가격수준에서 공급자가 공급하고자
하는 최대수량이다.

② 해당 가격이 변하여 공급량이 변하면 다른 조건이 불변일
때 동일한 공급곡선상에서 점의 이동이 나타난다.

③ 주택가격이 상승하면 주택용지의 공급이 증가한다.

④ 물리적 토지공급량이 불변이라면 토지의 물리적 공급은
토지가격 변화에 대해 완전비탄력적이다.

⑤ 신축 원자재 가격의 상승은 단기적으로 주택가격을
상승시키는 요인이 된다.

① 하고자 하는 최대

② 해당가격 ,상, 점

③ 가격↑ : 주택공급↑
→ 주거용지 공급↑

④ 토물완비

⑤ 신축 단기 불변

기출지문

(1) 24, 33, 34회] 부동산 공급증가 요인은 몇 개인가? [　]개

Ⓐ 건설업체수 감소	Ⓑ 토지가격 하락	Ⓒ 원자재 가격상승	Ⓓ 건설업체수 증가

─ 테마 010 ─
부동산 시장의 균형

이론1　수요, 공급 중 하나만 변할 때

구분				
공급이 불변인채, 수요가 증가할 때		●	상승	증가
공급이 불변인채, 수요가 감소할 때	●		하락	감소
수요가 불변인채, 공급이 증가할 때		●	하락	증가
수요가 불변인채, 공급이 감소할 때	●		상승	감소

이론2　수요, 공급 중 모두 변할 때

구분				
수요가 증가하고, 공급이 증가할 때		●　●	알수×	증가
수요가 증가하고, 공급이 감소할 때	●	●	상승	알수×
수요증가 폭이 공급증가 폭보다 클 때		●	상승	증가
공급감소 폭이 수요감소하는 폭보다 작을 때	●		하락	감소
수요증가와 공급증가의 폭이 동일할 때		●　●	불변	증가

10 수요공급의 변화에 따른 균형의 이동에 대한 설명으로 옳은 것은?

① 공급이 불변이고 수요가 감소하는 경우,
새로운 균형가격은 상승하고 균형거래량은 감소한다.

② 공급의 감소가 수요의 감소보다 큰 경우,
새로운 균형가격은 하락하고 균형거래량은 감소한다.

③ 수요의 증가폭이 공급의 증가폭보다 작다면
균형가격은 상승하고 균형량은 감소한다.

④ 수요가 증가하고, 공급이 감소하게 되면 균형가격은
하락하나, 균형거래량은 그 변화를 알 수가 없다.

⑤ 수요와 공급이 동시에 동일한 폭으로 감소한다면,
균형가격은 변하지 않으나, 균형거래량은 감소한다

① 가격하락, 양감소
② 가격상승, 양감소
③ 가격하락, 양증가
④ 가격상승
⑤ 가격불변 양 감소

이론3 탄력성에 따른 균형의 이동

조건	그림	균형가격	균형양
수요증가, 공급 완전비탄력적		상승	불변
공급증가, 수요 완전탄력적		불변	증가
수요증가, 공급이 비탄력적		더 많이 상승	더 적게 증가
수요증가, 공급이 탄력적		더 적게 상승	더 많이 증가

11 수요와 공급의 변화에 따른 균형의 이동에 대한 설명으로 옳은 것은?

① 부동산 수요가 증가할 때 부동산 공급곡선이 탄력적일수록 부동산 가격은 더 크게 상승한다.

② 부동산 수요가 증가하면 부동산 공급이 비탄력적일수록 균형가격이 더 작게 상승한다.

③ 수요의 가격탄력성이 완전탄력적인 경우에 공급이 증가하면 균형가격은 변하지 않고 균형거래량은 증가한다.

④ 수요의 가격탄력성이 완전탄력적일 때 공급이 증가할 경우 균형거래량은 변하지 않는다.

⑤ 공급이 완전비탄력적일 때 수요가 증가하면 균형가격은 상승하고, 균형거래량은 증가하게 된다.

① 탄력: 가격 더 적게
→ 비탄: 가격 더 많이

② 비탄: 가격 더 크게

③ 완탄
→ 가격불변, 양↑

④ 완탄: 가격불변

⑤ 완비: 양불변

12 다음 조건을 고려하여 균형가격(ㄱ)과 균형거래량(ㄴ)가 수요곡선의 기울기 절대값(ㄷ)의 변화를 각각 추정하면?

○ 수요함수 : Q_{D1} = 70−P (변화 전) → Q_{D2} = 120−$\frac{1}{2}P$ (변화 후)

○ 공급함수 : Q_S = 2P−80

최초균형	변경균형	기울기의 절대값
70 − P = 2P − 80 150 = 3P이므로 **P=50** P=50을 대입하면 Q= 70−50= **20**	120−$\frac{1}{2}$p = 2P − 80 240−P = 4P − 160 400 = 5P이므로 **P=80**을 대입하면 Q = 2×80 − 80 = **80**	수요기울기 절대값 변화 전 : 1 변화 후 : 2 기울기 : 1증가

균형가격(ㄱ) : 50→80 : 30↑ ‖ 균형량(ㄴ)은: 20→80 : 60↑ ‖ 기울기(절대값) 1증가

─ 테마 011 ─
수요(공급)의 가격탄력성

이론1   가격탄력성 구분

1) 가격변화율에 대한 수요(공급)량의 변화율 [정량적]
2) 완전비탄력적 : 수요량 불변 [탄력성=0], [수직선]
3) 비탄력적 : 가격변화율 〉양변화율 [양이 더 적게]
4) 단위탄력적 : 가격변화율 = 양변화율 [탄력성=1]
5) 탄력적 : 가격변회율 〈 양변화율 [양이 더 크게]
6) 완전탄력적 : 수요량 무한 [가격 불변], [수평선]

1) 가에 대한 양
2) 완비 : 양불변 : 0
3) 비탄 : 가격 더
4) 단위 : 가 = 양 : 1
5) 탄력 : 양 더
6) 완탄 : 양 무한 [가격불]

13 수요의 가격탄력성에 대한 설명으로 틀린 것은?

① 수요의 가격탄력성은 해당 재화의 가격 변화율에 대한 수요량의 변화비율을 측정한 것이다.

① 가에 대한 양

② 미세한 가격변화에 수요량이 무한히 크게 변한다면, 이는 수요가 완전탄력적이라는 의미이다.

② 양무한 = 완탄

③ 수요의 가격탄력성이 비탄력적이라는 것은 가격변화율에 비해 수요량의 변화율이 작다는 것이다.

③ 비탄 : 양변화↓

④ 수요의 가격탄력성이 완전비탄력적이면 가격의 변화와는 상관없이 수요량이 고정된다.

④ 완전비 = 량고정

⑤ 수요곡선이 수직선이면 수요의 가격탄력성은 완전탄력적이다.

⑤ 수직선 = 완비

기출지문

(1) 32회] 공급의 탄력성이 탄력적이면 가격 변화율보다 공급량의 변화율이 더 [   ]

(2) 32회] 수요의 탄력성이 비탄력적이면 수요량의 변화율이 가격의 변화율보다 더 [   ]

이론2	**가격탄력성 결정요인, 수입**

1) 대체재가 많아질수록	1) 탄력적
2) 세분화할수록	2) 탄력적
3) 용도전환이 어려울수록	3) 비탄력적
4) 관찰기간이 길어질수록	4) 탄력적
5) 단기에서 장기로 갈수록	5) 탄력적
6) 비탄력적일 때, 임대료 상승시 임대수입은?	6) 증가 [비단고가]
7) 탄력적일 때, 임대료 하락시 임대수입은?	7) 증가 [탄력저가]
8) 탄력성이 1일 때 임대료 상승시 임대수입은?	8) 불변

14 수요와 공급의 가격탄력성에 대한 설명으로 틀린 것은?

① 일반적으로 부동산 수요에 대한 관찰기간이 길어질수록 수요의 가격탄력성은 커진다.	① 관찰기간↑: 탄력
② 오피스텔에 대한 대체재가 감소함에 따라 오피스텔 수요곡선의 기울기는 점점 급해진다.	② 대체재↓: 비탄
③ 일반적으로 임대주택을 건축하여 공급하는 기간이 짧을수록 공급의 가격탄력성은 작아진다.	③ 소요시간↓: 탄력
④ 수요가 단위 탄력적일 경우, 임대주택의 임대료가 하락하더라도 전체 임대료 수입은 불변한다.	④ 단위 : 수입불변
⑤ 수요의 가격탄력성이 1보다 작을 경우 전체 수입은 주택 임대료가 상승함에 따라 증가한다.	⑤ 비탄 : 고가 → 수입증가

기출지문

(1) 30회] 임대주택의 수요의 가격탄력성이 1인 경우 임대주택의 임대료가 하락하더라도 전체 임대료 수입은 변하지 않는다. [O, ×]

이론3　탄력성 계산 이슈

가격탄력성	소득탄력성	교차탄력성
$\left\| \dfrac{\text{A수요량변화율}}{\text{A가격변화율}} \right\|$	$\dfrac{\text{수요량변화율}}{\text{소득변화율}}$	$\dfrac{\text{B수요량변화율}}{\text{A가격변화율}}$
가격변×가격탄= 수요량변	소득변×소득탄= 수요량변	A가격변×교차탄= B수요량변
가가양	소소양	가교양

유형1　AAB패턴 : 가격탄력성, 교차탄력성 [26, 27, 32회]

15 아파트 매매가격이 5% 상승할 때, 아파트 매매수요량이 10% 감소하고 오피스텔 매매수요량이 8% 증가하였다. 이때 아파트 매매수요의 가격 탄력성의 정도(A), 오피스텔 매매수요의 교차탄력성(B), 아파트에 대한 오피스텔의 관계(C)는? (가격탄력성은 절댓값, 다른 조건은 동일)

아 −10	오 +8

아 +5

1) 가격탄력성 = $\left\| \dfrac{-10}{+5} \right\|$ = 2 [탄력적] (A)

2) 교차탄력성 = $\dfrac{+8}{+5}$ = 1.6 (B)

3) 관계 = 대체재 [교차탄력성 = 양수] (C)

유형2　가가양 + 소소양 패턴 [24, 29회]

16 어느 지역의 오피스텔에 대한 수요의 가격탄력성은 0.8이고 소득탄력성
은 0.6이다. 오피스텔 가격이 5% 상승함과 동시에 소득이 변하여
전체 수요량이 2% 증가하였다면, 이 때 소득의 변화율은?
(오피스텔은 정상재, 가격탄력성은 절대값, 다른 조건은 동일함)

가격탄력성	0.8	소득탄력성	0.6	
가격변화율	5 ↕	소득변화율	x ↕	
양변화율	−4	양변화율	$0.6x$	전체 : +2

1) 가가양 + 소소양 = 전체양
2) −4 + 0.6x = 2이고, 0.6x = 6이므로, 소득변화율은 10% 증가가 된다.

유형3　가가양 + 소소양 + 가교양 패턴 [30, 33회]

17 아파트에 대한 수요의 가격탄력은 0.5, 소득탄력성은 0.4이고, 오피
텔 가격에 대한 아파트 수요량의 교차탄력성은 0.8이다. 아파트 가격,
아파트 수요자의 소득, 오피스텔 가격이 각각 5%씩 상승할 때, 아파트
전체 수요량의 변화율은? (아파트와 오피스텔은 대체재이며, 아파트에
대한 수요의 가격탄력성은 절댓값으로 나타내며, 다른 조건은 동일함)

가격탄력성	0.5	소득탄력성	0.4	교차탄력성	0.8	
가격변화율	5 ↑	소득변화율	5 ↑	오 · 가격변	5 ↑	
양변화율	−2.5	양변화율	2	양변화율	4	전체 : +3.5

1) 가가양 + 소소양 + 교가양 = 전체양
2) −2.5 + 2 + 4 = 3.50이므로, 전체 수요량 변화율은 3.5% 증가함

── 테마 012 ──
부동산의 경기변동

1) 회복, 상향, 후퇴, 하향 반복 ‖ 안정국면 존재	1) 안정 : 별도(고유)국면
2) 순환적, 추세변동, 계절적, 무작위(불규칙) 변동	2) 순추계불
3) 경기변동특징 - 불규칙, 불분명, 불명확	3) 불불불
4) 경기변동특징 - 주기가 길고 진폭이 큰 편	4) 길고 큼
5) 경기변동특징 - 지역별 · 유형별로 다름	5) 다르고 다양함
6) 회복, 상향국면 : 매도우위, 하한선	6) 올라갈 때는 도하
7) 후퇴, 하향국면 : 매수우위, 상한선	7) 내려 가는게 수상

18 부동산 경기변동과 관련된 설명으로 옳은 것은?

① 부동산 경기는 일반경기와 같이 일정한 주기와 동일한 진폭으로 규칙적이고 안정적으로 반복되며 순환된다.	① 일정X, 불규칙
② 하향국면은 매수자가 중시되고, 과거의 거래사례가격은 새로운 거래가격의 하한이 되는 경향이 있다.	② 하향 : 수상
③ 회복국면은 매수자가 중시되고, 과거의 거래사례가격은 새로운 거래의 기준가격이 되거나 하한이 되는 경향이 있다.	③ 회복 : 도하
④ 부동산 경기변동은 일반 경기변동에 비해 정점과 저점 간의 진폭이 작다.	④ 진폭이 크다.
⑤ 상향국면에서 직전국면 저점의 거래사례가격은 현재 시점에서 새로운 거래가격의 하한이 되는 경향이 있다.	⑤ 상향 : 도하

기출지문

(1) 33회] 회복시장 국면에서는 매수자가 주도하는 시장에서 매도자가 주도하는 시장으로 바뀌는 경향이 있다. [○, ×]

—— 테마 013 ——
거미집 이론

1) 공급시차 : 균형 형성과정을 동태적으로 묘사
2) 가격이 변하면 수요량은 즉각, 공급은 일정기간 후
3) 공급자 : 합리적 미래예측 ×
4) 공급이 비탄력 = 기울기↑, 탄력성↓→ 수렴형
5) 공급이 탄력적 = 기울기↓, 탄력성↑→ 발산형
6) 기울기나 탄력성이 같음 = 순환형

1) 공급시차 : 동태적
2) 공급 : 일정기간 후
3) 공급자 바보!
4) 기큰, 단짝 수렴형
5) 기작, 단큰 발산형
6) 같으면 순환

---

19 거미집 모형에 관한 설명으로 틀리게 연결된 것은? (Qd는 수요량, Qs는 공급량을 의미하며, 탄력성과 기울기는 절대값으로 비교한다.)

(ㄱ) 수요곡선의 기울기 : −0.7, 공급곡선의 기울기: 0.6
(ㄴ) 수요의 가격탄력성의 절대값이 공급의 가격탄력성이 절대값보다 클 때
(ㄷ) A시장 : Qd=100−P, 2Qs = −10+P
(ㄹ) B시장 : Qd=500−2P, 2Qs = 50+4P
(ㅁ) C시장 : Qd = 100−$\frac{1}{2}$P, Qs = 40+2P

① (ㄱ) : 발산형
② (ㄴ) : 수렴형
③ (ㄷ) : 수렴형
④ (ㄹ) : 발산형
⑤ (ㅁ) : 발산형

─── 테마 014 ───
부동산 시장

20 부동산 시장에 대한 설명으로 옳은 것은?

① 부동산 시장은 진입장벽이 존재하지 않으므로 불완전경쟁 시장이 된다.   ① 진입장벽 존재함

② 장기보다 단기에서 공급의 가격탄력성이 크므로 단기적으로는 수급조절이 용이한 편이다.   ② 단기) 조절곤란

③ 특정 지역에 소수의 수요자와 공급자가 존재하는 불완전경쟁시장이다.   ③ 소수의 수급자

④ 개별성으로 인하여 일반 재화에 비해 표준화가 용이한 편이다.   ④ 표준화 어려움

⑤ 부증성으로 인하여 특정한 지역에 국한되는 시장의 지역성 혹은 지역 시장성이 존재한다.   ⑤ 부동성=국지성

21 부동산 시장에 대한 설명으로 틀린 것은?

① 일반적으로 매수인의 제안가격과 매도인의 요구가격 사이에서 가격이 형성된다.   ① 매수매도 접점

② 부동산의 유형, 규모, 품질 등에 따라 구별되는 하위시장이 존재한다.   ② 하위시장

③ 이용의 비가역적 특성 때문에 일반재화에 비해 의사결정지원분야의 역할이 더욱 중요하다.   ③ 이용의 비가역성

④ 시장의 분화현상은 경우에 따라 부분시장별로 시장의 불균형을 초래하기도 한다.   ④ 시장의 분화

⑤ 정보의 대칭성으로 인해 부동산 가격의 왜곡현상이 나타나기도 한다.   ⑤ 정보의 비대칭성

― 테마 015 ―
여과현상과 주거분리

1) 여과현상 : 연쇄적 주거이동	1) 여과 = 이동
2) 하향여과 : 하(저소득층)로 전환	2) 하로 전환 → 하
3) 상향여과 : 상(고소득층)으로 전환 by 재개발, 재건축	3) 상으로 전환 → 상
4) 여과의 전제조건 : 공가(空家)	4) 신규공급 필수
5) 여과의 효과 : 주거의 질적개선, 저가주택 공급↑	5) 질 개선, 공급증가
6) 주거분리 : 고소득층–저소득층 주거지역 분리 [소득별]	6) 고저분리
7) 주거분리 발생 : 근린지역, 도시전체 모두 발생	7) 어디에서든!
8) 경계주택 : 고소득층 인접: 할증 ‖ 저소득층 인접: 할인	8) 고접할증, 저접할인
9) 고소득층 주택 : 개조보수비용 〉 가치상승분: 하향여과	9) 비용이 클 때 : 하향여과
10) 주거입지 변화 : 침입과 천이의 결과	10) 침입, 천이 나오면 ok!

22　주거분리와 여과현상에 대한 설명으로 틀린 것은?

① 주택 여과과정은 주택의 질적 변화 및 수요자의 소득변화에 따른 연쇄적 가구이동 현상이다.	① 연쇄적 가구이동
② 고소득층 주택의 개량비용이 개량 후 주택가치의 상승분보다 크다면 상향여과과정이 발생하기 쉽다.	② 비용이 크다: 하향
③ 상위계층에서 사용되는 기존주택이 하위계층에서 사용되는 것을 하향여과라 한다.	③ 하에서 사용: 하향
④ 저급주택이 수선되거나 재개발되어 상위계층에서 사용되는 것을 상향여과라고 한다.	④ 상에서 사용: 상향
⑤ 공가(空家)는 여과의 중요한 전제조건이다.	⑤ 공가 : 전제조건

23 주거분리와 여과현상에 대한 설명으로 틀린 것은?

① 저소득가구의 침입과 천이 현상으로 인하여 주거입지의 변화가 야기될 수 있다.

② 주거분리는 소득에 따라 주거지역이 지리적으로 나뉘는 현상이다.

③ 정(+)의 외부효과를 추구하고, 부(−)의 외부효과를 회피하려는 동기에서 주거분리 현상이 발생한다.

④ 고소득층 주거지와 저소득층 주거지가 인접한 경우, 경계지역 부근의 저소득층 주택은 할인되어 거래되고 고소득층 주택은 할증되어 거래된다.

⑤ 주택의 하향여과 과정이 원활하게 작동하면 저급주택의 공급량이 증가한다.

① 침입과 천이

② 소득에 따라 ~

③ 정(+) 추구
부(−) 회피

④ 경계지역 부근
→ 저소득 : 할증
→ 고소득 : 할인

⑤ 여과 : 공급증가

기출지문

(1) 27회] 저소득층은 다른 요인이 동일할 경우 정(+)의 외부효과를 누리고자 고소득층 주거지에 가까이 거주하려 한다. [○, ×]

(2) 27회] 주거분리 현상은 도시 전체뿐만 아니라 지리적으로 인접한 근린지역에서도 발생할 수 있다. [○, ×]

― 테마 016 ―
효율적 시장

1) 효율적 시장 : 정보가 얼마나 지체없이 가치에 반영?	1) 정보 (과,현,미래) 반영
2) 약성 효율적 : 과거 반영○ ‖ 현재, 미래×	2) 약성 : 과거만 반영
3) 준강성 효율적 : 과거 + 현재 반영○ ‖ 미래×	3) 준강성 : 공표된 정보○
4) 강성효율적 : 공표된 정보○ + 공표되지 않은 정보○	4) 강성 : 모든 정보반영
5) 기술적 분석 = 과거 분석 ‖ 기본적 분석 = 현재 분석	5) 술은 과거, 본은 현재
6) 준강성효율적 : 공표된 정보분석 → 초과이윤×	6) 준강성 : 현재 : 초과×
7) 준강성효율적 : 공표되지 않은 정보분석 → 초과이윤○	7) 준강성 : 미래 : 초과○
8) 강성효율적 : 어떠한 정보로도 초과이윤 발생하지×	8) 강성 : 초과×
9) 할당효율적 : 자원배분 효율적 할당 : 왜곡×, 초과이윤×	9) 할당 : 왜곡X, 초과×
10) 부동산 시장도 할당효율적 시장이 될 수 있음	10) 될 수 ○

24 효율적 시장에 대한 설명으로 틀린 것은?

① 약성 효율적 시장에서는 과거의 역사적 자료를 분석하여 정상이윤을 초과하는 이윤을 획득할 수 없다.	① 약성, 과거 초과X
② 준강성 효율적 시장은 공식적으로 이용가능한 정보를 기초로 기본적 분석을 하여 투자해도 초과이윤을 얻을 수 없다.	② 준강, 기본 초과X
③ 강성효율적 시장은 공표된 것이건 그렇지 않은 것이건 어떠한 정보도 이미 가치에 반영되어 있는 시장이다.	③ 강성, 모든 정보
④ 강성효율적 시장에서는 아직 공표되지 않은 정보를 분석해서 초과이윤을 얻을 수 있다.	④ 강성 : 초과 없다
⑤ 부동산 시장은 불완전경쟁시장이지만 할당효율적 시장이 될 수 있다.	⑤ 할당효율 될수○

25 대형마트가 개발된다는 다음과 같은 정보가 있을 때 합리적인 투자자가 최대한 지불할 수 있는 이 정보의 현재가치는?

- 대형마트 개발예정지 인근에 일단의 A토지가 있다.
- 2년 후 대형마트가 개발될 가능성은 40%로 알려져 있다.
- 2년 후 대형마트가 개발되면 A토지의 가격은 15억 4,000만원, 개발되지 않으면 8억 2,000만원으로 예상된다.
- 투자자의 요구수익률(할인율)은 연 20%이다..

① 2억원 　　　　　　　　　　　　　② 2억 5000만원
③ 3억원 　　　　　　　　　　　　　④ 3억 5000만원
⑤ 4억원

1) 차액 = 15.4억 - 8.2억 = 7.2억
2) 할인 = 7.2억 ÷ 1.2 ÷ 1.2 = 5억
3) 안되요 = 5억 × 60% = 3억원

— 테마 017 —
농업지대이론

1. 리카도의 차액지대설

① 비옥한 토지의 희소성, 수확체감의 법칙	비옥도, 수확체감
② 한계지 = 최열등지 → 지대 발생×	한계지 지대×
③ 지대 = 잉여 [가격 – 생산비]	지대 = 잉여

2. 마르크스의 절대지대설

① 소유, 사유화	소유, 사유화
② 한계지 = 최열등지 → 지대 발생○	한계지 지대○

3. 튀넨의 위치지대설

① 위치 차이 = 수송비 차이	튀넨 – 위치 – 수송
② 동심원 이론, 고립국 이론	동심원 – 고립국
③ 농업의 위치경쟁 [입찰지대] : 중심부 – 집약농업	입지경쟁(입찰)

26 지대이론에 대한 설명으로 옳은 것은?

① 절대지대설은 비옥도를 중시하며, 비옥한 토지의 희소성과 수확체감의 법칙을 전제한다.	① 차액지대설
② 마르크스에 따르면 지대는 우등지와 열등지의 생산성과의 차이에 의해 결정된다.	② 우등지, 열등지 → 리카도의 주장
③ 튀넨에 따르면 지대는 중심지에서 거리가 멀어짐에 따라 지대가 점점 증가하는 증가함수이다.	③ 외곽 : 지대감소
④ 차액지대설에 따르면 한계지의 지대는 존재하지 않는다.	④ 리카도 : 한계×
⑤ 튀넨에 의하면 도심에 가까울수록 조방 농업이 입지하고, 교외로 갈수록 집약 농업이 입지한다.	⑤ 도심 : 집약농업

── 테마 018 ──
도시 및 현대지대이론

1. 알론소의 입찰지대

① 튀넨의 이론을 도시에 [입지경쟁]	① 튀넨을 도시에
② 최대 지불액, 최대 지불능력 , 초과이윤 = 0	② 최대, 최대, 0
③ 입찰지대곡선 : 우하향, 포락선	③ 우하향, 포락선

2. 마샬의 준지대

① 토지이외 고정생산요소 대가 [단기공급제한]	① 토지이외, 단기공급제한
② 기계, 기구, 개량공사이득 [영구적×]	② 기계, 기구, 영구×

3. 파레토의 지대

① 지대 = 전용수입 + 경제지대	전 + 경제 = 파토!
② 전용수입 : 최소지급액 ‖ 경제지대 : 공급자 잉여	전용최소 , 경제적 이윤

27 지대이론에 대한 설명으로 틀린 것은?

① 준지대는 토지 이외의 고정생산요소에 귀속되는 소득으로서 영구적으로 지대의 성격을 가지지는 못한다.

　① 마샬 : 영구×

② 마샬에 의하면 준지대는 생산을 위하여 사람이 만든 기계나 기구들로부터 얻는 소득이다.

　② 기계, 기구

③ 어떤 생산요소가 다른 용도로 전용되지 않고 현재의 용도에 그대로 사용되도록 지급하는 최소한의 지급액을 경제지대라고 한다.

　③ 최소 : 전용수입

④ 입찰지대곡선은 여러 개의 지대곡선 중 가장 높은 부분을 연결한 우하향하는 포락선이다.

　④ 우하향, 포락선

⑤ 헤이그의 마찰비용이론에서는 교통비와 지대를 마찰비용으로 본다.

　⑤ 마찰비
　교통비 + 지대

— 테마 019 —
공업입지, 상업입지

1. 베버의 공업입지론

① 공급자 : 비용 최소화 : 수송비, 노동비, 집적이익	공급자 관점
② 중량감소산업, 국지원료, 원료지수〉1 : 원료지향형	원료지향형, 시장지향형 구분

2. 뢰쉬의 최대수요이론

수요자 : 수요측면의 시장 확대 가능성 중시	수요자 관점

3. 크리스탈러의 중심지이론

① 중심지의 계층구조, 상권규모 설명	도다리, 채소
② 재화의 도달범위 : 최대 한계범위 [수요 = 0]	도달 : 수요 = 0
③ 최소요구범위(요구치) : 정상이윤 범위(고객수)	중심지 성립 : 최소 〈 도달

4. 레일리의 소매인력법칙

① 만유인력법칙 응용, 중심지의 상호작용	거제반
② 레일리의 유인력 : 크기에 비례, 거리제곱 반비례	

5. 컨버스의 분기점모형

상권의 분기점, 경계점을 산정	분기점, 경계점

6. 허프의 확률모형

① 대도시 상권의 규모, 매장의 매출액 ⇨ 확률론	상권규모, 점포매출액
② 시간거리, 마찰계수를 고려한 점포선택모델	시간거리, 마찰계수
③ 교통조건, 물건의 성격에 따라 선택 확률 결정	전문품일수록 마찰계수↓

7. 넬슨의 소매입지이론

최대 매출을 얻기 위한 소매입지선정 원칙	최대 매출 입지 선정

28 입지이론에 관한 설명 중 틀린 것은?

① 베버는 최소비용으로 제품을 생산할 수 있는 곳을 기업의 최적입지지점으로 본다.

② 크리스탈러에 의하면 재화의 도달범위란 중심지 기능이 유지되기 위한 최소한의 수요요구 규모를 의미한다.

③ 레일리는 중심지가 소비자에게 미치는 영향력의 크기는 중심지의 크기에 비례하고 거리의 제곱에 반비례한다고 보았다.

④ 컨버스는 경쟁관계에 있는 두 소매시장간 상권의 경계지점을 확인할 수 있도록 소매중력모형을 수정하였다.

⑤ 넬슨은 특정 점포가 최대 이익을 얻을 수 있는 매출액을 확보하기 위해서는 어떤 장소에 입지하여야 하는지를 제시하였다.

① 베버 : 최소비용

② 최소요구범위

③ 거제반

④ 경계점, 분기점

⑤ 최대매출입지: 넬슨

29 입지 및 상권이론에 대한 설명으로 틀린 것은?

① 베버에 의하면 중량감소산업이거나 원료지수가 1보다 큰 경우, 원료지향형 입지가 유리하다.

② 크리스탈러에 의하면 중심지 성립요건은 최소요구범위가 재화의 도달범위내에 있을 때이다.

③ 컨버스는 소비자들의 특정 상점의 구매를 설명할 때 실측거리, 시간거리, 매장규모와 같은 공간요인뿐만 아니라 효용이라는 비공간요인도 고려하였다.

④ 허프는 소비자가 특정 점포를 이용할 확률은 점포와의 거리, 경쟁점포의 수와 면적에 의해서 결정된다고 보았다.

⑤ 크리스탈러는 공간적 중심지 규모의 크기에 따라 상권의 규모가 달라진다는 것을 실증하였다.

① 중량감소산업 원료지수 〉1

② 채소가 도다리내

③ 시간거리, 효용 → 허프

④ 3대 점포선택

⑤ 중심지 크기, 상권

30 레일리(W. Reilly)의 소매중력모형에 따라 C신도시의 소비자가 A도시와 B도시에서 소비하는 월 추정소비액은 각각 얼마인가?

- A도시 인구: 75,000명, B도시 인구: 32,000명
- C신도시: A도시와 B도시 사이에 위치
- A도시와 C신도시 간의 거리: 5km
- B도시와 C신도시 간의 거리: 4km
- C신도시 소비자의 잠재 월 추정소비액: 5억원

① ㄱ: 1억 , ㄴ: 4억   ② ㄱ: 2억 , ㄴ: 3억

③ ㄱ: 3억 , ㄴ: 2억   ④ ㄱ: 4억 , ㄴ: 1억

⑤ ㄱ: 4억 5000만원 , ㄴ: 5000만원

1) A : $\dfrac{75000}{5^2}$ = 3000 ‖ B : $\dfrac{32000}{4^2}$ = 2000

2) A : B = 3 : 2 : 정답 ③번

31 컨버스의 분기점 모형에 기초할 때, A시와 B시의 상권 경계지점은 A시로부터 얼마만큼 떨어진 지점인가? (단, 주어진 조건에 한함)

- A시와 B시는 동일 직선상에 위치하고 있다.
- A시 인구: 32,000명
- B시 인구: 8,000명
- A시와 B시 사이의 직선거리: 9km

1) 두 도시 중 작은 도시를 찾는다 = B로부터의 거리를 구하는 식

2) 전체 9km를 3 또는 4로 나누어 본다. 정수로 딱 떨어지는 거리는 3km

3) 3km는 작은 도시인 B를 기준으로 하는 거리이고

4) A를 기준으로 하면 9km – 3km = 6km가 된다.

32 허프 모형을 활용하여, X지역의 주민이 할인점 C를 방문할 확률과 할인점 C의 월 추정매출액을 순서대로 나열한 것은?

○ X지역의 현재 주민: 8,000명
○ 1인당 월 할인점 소비액: 50만원
○ 공간마찰계수: 2
○ X지역의 주민은 모두 구매자이고, A, B, C 할인점에서만 구매한다고 가정함

구분	할인점A	할인점B	할인점C
면적	$800m^2$	$360m^2$	$1280m^2$
x지역으로부터 거리	4km	6km	8km

1) A : $\dfrac{800}{4^2}$ = 50 ∥ B : $\dfrac{360}{6^2}$ = 10 ∥ C : $\dfrac{1280}{8^2}$ = 20

2) C를 방문할 확률 : $\dfrac{20}{50+10+20}$ = 25%

3) C의 예상 매출액 : 8,000명 × 25% × 500,000원 = 10억원

— 테마 020 —
도시내부구조이론

1. 버제스의 동심원이론 [단핵]

① 도시생태학적 관점 [침입, 경쟁, 천이]	① 도시생태학 [침쟁이]
② 5지대설 : 중심 - 천이 - 근로 - 중산 - 통근	② 중천근중통
③ 천이지대 : 중심과 저소득사이 [도심 안쪽]	③ 천이 = 점이 = 안쪽

2. 호이트의 선형이론 [단핵]

교통망, 도로망 : 부채꼴, 쐐기형, 선형	교통, 도로, 부채꼴 모양

3. 해리스와 울만의 다핵심이론 [다핵]

① 여러 개의 전문화된, 몇 개의 분리된 중심	① 여러 개
② 동종 = 유사 = 집중 = 집적 = 양립성	② 동종 : 집 · 집 · 양립
③ 이종 = 이질 = 산재 = 분산 = 비양립성	③ 이종 : 산 · 산 · 비양립

33 도시내부구조이론에 관한 설명으로 틀린 것은?

① 해리스와 울만의 다핵심이론은 몇 개의 분리된 핵이 점진적으로 통합됨에 따라 전체적인 도시구조가 형성된다는 이론이다.	① 몇 개의 핵
② 버제스의 동심원이론에 따르면 천이지대는 고소득층 지대보다 도심에서 멀리 입지한다.	② 천이 : 도심 안쪽
③ 해리스와 울만에 따르면 유사한 도시활동은 집적으로부터 발생하는 이익 때문에 집중하려는 경향이 있다.	③ 유사 : 집적
④ 호이트는 도시의 성장과 분화가 주요 교통망에 따라 부채꼴 모양으로 확대된다고 보았다.	④ 교통망 : 호이트
⑤ 선형이론에 의하면 고소득층 주거지는 주요 교통노선을 축으로 하여 접근성이 양호한 지역에 입지하는 경향이 있다.	⑤ 고 : 교통망 인근

— 테마 021 —
시장실패와 정부의 시장개입

이론1 **시장실패**

1) 시장실패 : 자원의 효율적 배분 실패
2) 공공재, 외부효과, 정보의 비대칭, 재화의 이질성등
3) 공공재 : 비경합, 비배제, 무임승차, 과소생산(이하)
4) 외부효과 : 개인의 행위가 제3자에게 의도하지 않게
   시장을 통하지 않고 경제적 후생에 영향 → 보상×

1) 수급불균형, 질서문란
2) 불완전경쟁시장
3) 비비무소
4) 의도X, 시장X, 보상X

정의 외부효과	부의 외부효과
사적비용↑, 사회적편익↑	사회적비용↑, 사적편익↑
과소공급 문제	과잉공급 문제
PIMFY 초래	NIMBY 유발

이론2 **정부의 시장개입 [직접 vs 간접]**

1) 직접적 개입 : 정부의 수급역할
2) 간접적 개입 : 보조금, 조세, 금융, 개발부담금, 공시

간접적 개입
보 · 조 · 금 · 개부담 · 공시

공영개발	직	환지방식	직	공공토지비축	직
금융지원	간	개발부담금	간	공공임대주택	직
종합부동산세	간	취득세	간	보조금	간
가격공시제도	간	대부비율(LTV)	간	총부채상환비율(DTI)	간

34 시장실패 및 정부의 시장개입에 대한 설명으로 틀린 것은?

① 공공재, 외부효과, 정보의 비대칭성, 재화의 이질성은 부동산 시장실패 요인이 된다.	① 비대칭, 이질성등
② 공공재는 경합성과 배제성으로 인하여 생산을 시장기구에 맡기면 과소생산되는 경향이 있다.	② 비비, 과소생산
③ 한 사람의 행위가 의도하지 않게 제3자의 경제적 후생에 영향을 미치지만, 그에 대한 보상이 이루어지지 않는 현상을 외부효과라고 하며, 이는 시장실패의 원인이 된다.	③ 의도X, 시장X, 보상X
④ 개발부담금 부과는 정부의 간접적 시장개입수단이다.	④ 개부담 : 간접
⑤ 담보인정비율(LTV) 및 총부채상환비율(DTI)의 강화는 시장개입수단 중 금융규제이자 간접적 개입방식이다.	⑤ LTV, DTI: 금융

━ 테마 022 ━
토지정책

1. 지역지구제 [용도지역지구제]

① 부의 외부효과 제거, 후생손실 완화	① 부(-)제거, 손실완화
② 토지이용계획을 구현하는 법적, 행정적 규제	② 규제다
③ 토지이용 효율화, 공공복리증진 : 용도지역	③ 복리증진 : 용도지역
④ 용도지역 : 도시, 관리, 농림, 자연환경보전	④ 도관농자
⑤ 도시지역 : 주거, 상업, 공업, 녹지지역	⑤ 주상공녹
⑥ 용도지역 : 중복지정 불가	⑥ 용도지역만 중복불가
⑦ 토지이용 합리화, 기능증진, 미관개선, 양호한 환경	⑦ 지구단위계획

2. 개발권 양도제 (개발권이전제)

① 규제지역 토지소유자의 손실보상책	① 손실보상책
② 소유권에서 개발권을 분리 → 개발권을 양도	② 소유권×, 개발권○
③ 현재 우리나라에서는 미실시	③ 미실시!

3. 공공토지비축제도 (토지은행)

① 공익사업의 원활한 시행, 토지시장 안정 ② 미개발 토지를 매입, 비축, 공급 – 직접적 개입 ③ 한국토지주택공사(LH)가 매입·비축 및 관리	① 공익사업용지 ② 직접적 개입 ③ LH : 토지 직접관리

4. 토지] 개발이익환수제 (개발부담금)

① 개발이익환수에 관한 법률상 시행중 ② 정상지가상승분을 초과하는 불로소득을 환수	① 개발 : 개발 ② 토지] 불로소득환수

5. 주택] 재건축초과이익환수제 (재건축부담금)

① 재건축초과이익환수에 관한 법률상 시행중 ② 재건축 과정의 초과이익을 환수하는 제도	① 재건 : 재건 ② 주택] 불로소득환수

6. 토지적성평가제도

① 토지에 대한 개발과 보전이 경합할 때 ② 토양, 입지, 활용가능성등을 사전적으로 평가	개발과 보전의 경합

7. 토지거래허가구역 (허가)

① 투기거래성행, 지가가 급격히 상승하는 지역 ② 지정권 : 국장·시도지사 ‖ 허가권 : 시군구청장	투기거래성행, 지가상승

8. 부동산거래신고제도 (신고)

매매계약 체결시 거래당사지가 계약체결일로부터 30일내 시장군수구청장에게 신고	실거래가신고: 계3시

9. 선매제도 (선매)

공익사업용 토지등에 대해 국가·지자체·LH등을 선매자를 지정하여 그 토지를 매수하게 하는 제도	수용이 아님

35　토지정책에 대한 설명으로 옳은 것은?

① 재건축부담금은 현재 개발이익환수에 관한 법률에 의해 시행되고 있다.

② 토지선매란 토지거래 허가구역내에서 허가신청이 있을 때 공익목적을 위하여 사적 거래에 우선하여 국가, 지자체, 한국토지주택공사 등이 그 토지를 수용할 수 있는 제도이다.

③ 토지거래허가제는 토지에 대한 개발과 보전의 문제가 발생했을 때 이를 합리적으로 조정하는 제도이다.

④ 개발권양도제는 개발이 제한되는 지역의 토지 소유권에서 개발권을 분리하여 개발이 필요한 다른 지역에 토지의 소유권을 양도하게 하는 제도이다.

⑤ 정부는 한국토지주택공사(LH)를 통하여 토지비축업무를 수행할 수 있다.

① 재건 : 재건

② 선매 : 수용X

③ 토지적성평가 개발과 보전조정

④ 개발권을 양도

⑤ 한국토지주택공사

36　토지정책에 대한 설명으로 틀린 것은?

① 토지은행의 비축토지는 각 지방자치단체에서 직접 관리하기 때문에 관리의 효율성을 기대할 수 있다.

② 토지거래계약에 관한 허가구역은 투기적인 거래가 성행하거나 지가가 급격히 상승하는 지역을 대상으로 지정될 수 있다.

③ 지구단위계획을 통해, 토지이용을 합리화하고 그 기능을 증진시키며 미관을 개선하고 양호한 환경을 확보할 수 있다.

④ 토지거래허가구역으로 지정된 지역에서 토지거래계약을 체결할 경우 시장·군수 또는 구청장의 허가를 받아야 한다.

⑤ 개발부담금제는 개발사업의 시행으로 이익을 얻은 사업시행자로부터 개발이익의 일정액을 환수하는 제도이다.

① LH가 관리

② 투기성행,지가상승

③ 기미개선효과

④ 허가권 : 시군구

⑤ 불로소득환수

── 테마 023 ──
임대주택정책

1. 임대료상한제

① 균형가격 이하로 임대료(비율) 제한
② 균형가격보다 높게 규제 : 아무변화 없음
③ 가격규제 : 초과수요 및 공급부족
④ 신규 임차인 : 주택 구하기 어려워짐
⑤ 기존 임차인 : 주거이동 저하
⑥ 임대인 : 임대주택 투자저하, 질적저하, 공급감소

① 우리나라 : 전월세상한제
② 균형보다 낮아야 함
③ 초과수요 = 대란
④ 집 구하기 어렵고
⑤ 이사 다니기도 어려움
⑥ 규제하니까 공급안해!

2. 임대료보조제

① 수요자(소비자)보조 : 주택 바우처, 주거급여
② 수요자보조 : 실질소득↑, 질적↑
③ 공급자(생산자)보조 : 공공임대주택 공급
④ 수요자(소비자)보조 : 자유로운 주거선택, 효용↑
⑤ 공급자(생산자)보조 : 주거선택 제한될 수 있음

① 바우처 : 교환권
② 좋아 좋아 좋아요!
③ 생산자 보조방식
④ 자유로운 주거선택
⑤ 선택폭 제한 가능성

3. 공공임대주택

① 시장보다 낮은 가격으로 직접 공급
② 공공임대주택 특별법에 따른 주택분류
 - 최저계층, 50년이상
 - **저소득** 서민, 30년 이상임대
 - 대학생, 사회초년생, 신혼부부
 - 전세계약 방식으로 공급
 - 최저, 저소득, 젊은층, 장애인등등

① 직접적 개입정책
② 정부의 공적기금 투입
영구임대주택
국민임대주택
행복주택
장기전세주택
통합공공임대주택

→ **민간임대주택특별법**상 : **공공지원민간임대주택** [10년이상 임대하기로 계약]

37　임대주택 정책에 대한 설명으로 옳은 것은?

① 정부의 규제임대료가 균형임대료보다 높아야 저소득층의 주거비 부담 완화 효과를 기대할 수 있다.

　① 낮아야 한다.

② 국가 재정 및 주택도시기금의 지원받아 전세계약의 방식으로 공급하는 공공임대주택을 영구임대주택이라고 한다.

　② 전세 : 장기전세

③ 주거급여와 주택 바우처는 모두 소비자 보조 방식이다.

　③ 수요자 보조

④ 공공임대주택 공급정책은 주택 바우처와 같은 소비자 보조에 비해 주택 수요자의 선택의 폭을 넓혀주는 장점이 있다.

　④ 선택폭 제한

⑤ 장기전세주택은 국가나 지방자치단체의 재정이나 주택도시기금의 자금을 지원받아 대학생, 사회초년생, 신혼부부 등 젊은 층의 주거안정을 목적으로 공급되고 있다.

　⑤ 대X초 피는 신혼부부는 행복해요 [구속]

38　임대주택 정책에 대한 설명으로 틀린 것은?

① 현재 우리나라에서는 공공주택특별법상 공공지원민간임대주택이 공급되고 있다.

　① 민간임대주택특별법

② 정부가 저소득층에게 임차료를 보조해주면 저소득층 주거의 질적 수준이 높아질 수 있다.

　② 좋아요~

③ 임대료 상한을 균형가격 이하로 규제하면 임대주택의 초과수요 현상이 발생할 수 있다.

　③ 규제 : 초과수요

④ 정부가 임대료를 균형가격 이하로 규제하면 민간임대주택의 공급량은 감소할 수 있다.

　④ 규제 : 공급감소

⑤ 국가 재정이나 및 주택도시기금의 자금을 지원받아 최저소득 계층, 저소득 서민, 젊은 층 및 장애인·국가유공자 등 사회 취약계층 등의 주거안정을 목적으로 공급하는 공공임대주택을 통합공공임대주택이라고 한다.

　최저
　저소득
　젊은
　장애인
　국가유공자

— 테마 024 —
분양주택정책

1. 분양가상한제

① 주택가격안정 + 무주택자 주택구입부담 ↓
② 주택의 질적하락 + 신규공급 위축 + 가수요
③ 도시형생활주택 미적용

① 신규주택 분양가 통제
② 공급위축, 투기
③ 절대 미적용 !!!

2. 선분양 vs 후분양

① 선분양 : 자금조달 유리 [공급자 분양]
② 선분양 : 주택공급 증대 [활성화], 가수요 증가
③ 후분양 : 비교구매 유리, 품질개선 [소비자분양]

① 선 : 자금조달 ↑
② 선 : 공급 ↑, 투기문제
③ 후 : 비교구매, 품질 ↑

39 분양주택 정책에 대한 설명으로 틀린 것은?

① 신규주택의 분양가격을 시장가격 이하로 규제하면 신규주택의 공급이 위축될 우려가 있다.

① 공급위축

② 소비자 측면에서 후분양제도는 선분양제도보다 공급자의 부실시공 및 품질저하에 대처하기 유리하다.

② 부실시공 대처

③ 선분양제도는 준공 전 분양대금의 유입으로 사업자의 초기자금부담을 완화할 수 있다.

③ 초기자금부담 완화

④ 사업주체가 일반인에게 공급하는 공동주택 중 공공택지에 분양하는 도시형생활주택에는 분양가상한제가 적용된다.

④ 도시형생활주택 → 미적용

⑤ 주택법령상 분양가상한제 적용주택 및 그 주택의 입주자로 선정된 지위에 대하여 전매를 제한할 수 있다.

⑤ 전매제한 가능

── 테마 025 ──
현재 시행중인 정책과 법률정리

40 아래 정책 중 현행법상 미실시중인 정책을 모두 고르면?

───────────────── **[보 기]** ─────────────────

(1) 전 · 월세 상한제	: [실시 vs 미실시]	(7) 택지소유상한제	: [실시 vs 미실시]
(2) 종합부동산세	: [실시 vs 미실시]	(8) 분양가상한제	: [실시 vs 미실시]
(3) 토지거래허가구역	: [실시 vs 미실시]	(9) 재건축부담금제	: [실시 vs 미실시]
(4) 토지초과이득세	: [실시 vs 미실시]	(10) 실거래가신고제	: [실시 vs 미실시]
(5) 공공토지비축제도	: [실시 vs 미실시]	(11) 개발부담금제	: [실시 vs 미실시]
(6) 재개발초과이익환수	: [실시 vs 미실시]	(12) 개발권이전제(TDR)	: [실시 vs 미실시]

41 현재 시행되는 제도와 법률 연결이 틀린 것을 모두 고르면?

① 실거래가 신고 – 부동산 거래신고등에 관한 법률

② 개발부담금제 – 개발이익 환수에 관한 법률

③ 투기과열지구의 지정 – 주택법

④ 표준주택가격 공시 – 부동산가격공시에 관한 법률

⑤ 공공토지비축 – 공공토지비축에 관한 법률

⑥ 개발권양도제 – 국토의 계획 및 이용에 관한 법률

⑦ 재건축부담금 – 도시 및 주거환경정비법

⑧ 부동산실명제 – 부동산 실권리자명의 등기에 관한 법률

— 테마 026 —
부동산 조세정책

1. 조세의 구분

① 취득세 : 지방세, 취득단계
② 재산세 : 지방세, 보유단계
③ 종합부동산세 : 국세, 보유단계
④ 양도소득세 : 국세, 처분단계
⑤ 상속세, 증여세 : 국세, 취득단계

2. 전가와 귀착

① 탄력성↓ = 비탄력적 = 부담↑
② 탄력성↑ = 탄력적 = 부담↓
③ 완전비탄력= 100% ‖ 완전탄력적 = 0%

① 비탄력 = 부담↑
② 탄력 = 부담↓
③ 완전비탄력 = 독박

3. 양도소득세

① 양도세 중과→ 주택처분 뒤로미룸 → 보유기간↑
② 양도세 중과→ 동결효과 → 공급감소 → 가격상승

① 처분을 미루고, keep!
② 양도세 → 가격에 전가

42 조세정책에 대한 설명으로 옳은 것은?

① 상속세와 재산세는 부동산의 취득단계에 부과한다.

② 증여세와 종합부동산세는 부동산의 보유단계에 부과한다.

③ 양도소득세가 중과되면 매도자는 거래 성립시기를 당기려 하고, 주택 보유기간이 짧아지는 현상이 발생한다.

④ 수요의 탄력성보다 공급의 탄력성이 크다면, 부과되는 조세에 대해 수요자보다 공급자의 부담이 더 커진다.

⑤ 부가가치세와 양도소득세는 모두 국세라는 공통점이 있다.

① 재산세 : 보유

② 증여세 : 취득

③ 성립시기 : 미루려
   보유기간 : 길어짐

④ 수요탄 〈 공급탄
   → 수요자 부담↑

⑤ 모두 국세

— 테마 027 —
부동산 투자의 특징 [feat. 레버리지]

1. 투자의 특징

① 인플레이션 햇지(hedge) : 구매력 하락을 방어	① 실물자산 = 인플레 햇지
② 가치보존력 높음 by 영속성	② 감가되지 않는 보존력
③ 감가, 이자에 대한 비용인정	③ 감 · 이 공제혜택
④ 타인자본 활용 → 자기자본수익률 극대화	④ 레버리지(지렛대) 효과

2. 레버리지 (지렛대)

① 타인자본 → 자기자본수익률에 미치는 효과	① +, −, 0 (제로) 효과
② 사례 : 저당권, 전세	② 갭투자 = 레버리지
③ 정(+)의 레버리지 : 자기↑, 저당수익률↓	③ 저당수익률이 낮을 때
④ 부(−)의 레버리지 : 저당수익률↑, 자기↓	④ 저당수익률이 높을 때
⑤ 영(중립적)의 레버리지 : 동일, 영향×, 변화×	⑤ 융자가 수익률과 무관

43　부동산 투자에 대한 설명으로 틀린 것은?

① 부동산 가격이 물가상승률과 연동하여 상승한다면 부동산은 실물자산으로서 인플레이션 햇지(hedge) 효과가 있다.	① 부동산 : 햇지
② 타인자본, 즉 레버리지를 활용하면 투자 위험이 증가된다.	② 레버리지 : 위험↑
③ 전체투자수익률과 저당수익률이 동일하다면 부채비율의 변화가 지분수익률에 영향을 미치지 못한다.	③ 동일 : 영향×
④ 저당수익률이 총자본수익률보다 클 때는 부채비율을 높이는 방식으로 자기자본수익률을 증대시킬 수 있다.	④ 저당수익률↓ 때
⑤ 정(+)의 레버리지가 예상되더라도 부채비율을 높이게 되면 타인자본으로 인한 투자의 금융적 위험이 증대될 수 있다.	⑤ 위험은 무조건↑

44 투자에서 (ㄱ) 타인자본을 50% 활용하는 경우와 (ㄴ) 타인자본을 활용하지 않는 경우, 1년간 자기자본수익률을 산정하면?

- 부동산 매입가격: 2억원
- 1년 후 부동산 처분
- 순영업소득(NOI): 연 500만원(기간 말 발생)
- 보유기간 동안 부동산 가격 상승률: 연 5%
- 대출조건: 이자율 연 4%, 대출기간 1년, 원리금은 만기일시상환

(ㄱ) 타인자본 50% 활용		(ㄴ) 활용하지 않은 경우	
▪ 융자 : 2억원 × 50% = 1억원 ▪ 지분 : 1억원		▪ 융자 : 0원 ▪ 지분 : 2억원	
총수입	순영업 : 500만원 집값: 2억×5%= 1000만 = 1500만원	총수입	순영업 : 500만원 집값: 2억×5%= 1000만 = 1500만원
− 이자비용	이자: 1억×4%= 400만	− 이자비용	이자 = 0원
÷ 지분투자	÷ 1억원	÷ 지분투자	÷ 2억원
지분수익률	$\dfrac{1500만원 - 400만원}{1억원}$ = 11%		$\dfrac{1500만원 - 0원}{2억원}$ = 7.5%

테마 028
부동산 투자위험

1) 위험 : 분산, 표준편차, 변이계수로 측정
2) 사업상 위험 : 수익성 악화 [시장, 위치, 운영]
3) 금융적 위험 : 채무불이행
4) 법률적 위험 : 재산권의 법적 환경
5) 인플레이션 위험 : 구매력 하락
6) 금융기관의 인플레이션 위험 대처방안은?
7) 유동성 위험 : 현금화 (낮은 환금성)

1) 분산, 표준편차 = 위험
2) 사업상 : 수익성 악화
3) 전액 지분투자 : 제거○
4) 법률적 : 정책, 규제
5) 화폐가치 하락위험
6) 변동금리를 선호
7) 낮은 유동성

45 투자 위험에 대한 설명으로 틀린 것을 고르면?

① 인플레이션 위험은 부동산의 낮은 환금성에 기인한다.

② 투자위험은 분산 및 표준편차로 측정할 수 있다.

③ 부동산 투자위험에는 전반적인 물가상승으로 인해 발생하는 구매력 하락위험이 있다.

④ 장래에 인플레이션이 예상되는 경우 대출기관은 고정금리 보다는 변동이자율로 대출하기를 선호한다.

⑤ 위치적 위험이란 환경이 변하면서 대상 부동산의 상대적 위치가 변화하는 위험이다.

① 환금성↓: 유동성

② 분산, 편차: 위험

③ 물가상승 : 인플레

④ 은행 인플레 대처 → 변동금리

⑤ 상대적 위치: 주변

기출지문

(1) 34회] 표준편차가 작을수록 투자에 수반되는 위험은 [커진다 vs 작아진다]

(2) 34회] 위험회피형 투자자는 변이계수(변동계수)가 [큰 vs 작은] 투자안을 더 선호한다.

(3) 29회] 부채가 증가함에 따라 원금과 이자에 대한 채무불이행의 가능성이 높아지며, 금리 상승기에 추가적인 비용부담이 발생하는 경우에 [   ]위험이 발생한다.

— 테마 029 —
투자 수익률

1) 기대수익률 : 예상 수입과 지출액을 가중평균
2) 요구수익률 : 투자채택을 위해 보장되어야 하는 최소
3) 실현수익률 : 투자가 이루어지고 난 후 달성
4) 요구수익률 = 무위험률 + 위험할증률
5) 무위험률 : 위험이 거의 없는 = 예금금리, 국채등
6) 위험할증률 : 위험대가, 위험보상, 위험프리미엄
7) 무위험률이 커지면 요구수익률이 증가
8) 위험이 커지면 위험할증률이 커지고 요구수익률이 증가
9) 위험 회피도가 높을수록 = 보수적 = 요구수익률 커짐
10) 채택기준 : 기대수익률이 크거나, 요구수익률이 작을 때

1) 예상, 가중평균
2) 최소, 필수, 기회비용
3) 사후적 [의사결정 무관]
4) 요구 = 무 + 할증
5) 기회비용
6) 위험대가
7) 무↑ : 요구↑
8) 위↑ : 할증↑ : 요구↑
9) 회피도↑ : 요구↑
10) 기큰. 요작이 채택된다!

46 투자 수익률에 대한 설명으로 옳게 설명된 것을 모두 고르면?

① 투자자가 투자부동산에 대하여 자금을 투자하기 위해 충족되어야 할 최소한의 수익률을 기대수익률이라고 한다.

② 요구수익률은 투자가 이루어진 후 달성된 수익률을 말한다.

③ 기대수익률은 다른 투자의 기회를 포기한다는 점에서 기회비용이라고도 한다.

④ 금리상승은 투자자의 요구수익률을 하락시키는 요인이다.

⑤ 무위험률의 하락은 요구수익률을 상승시키는 요인이다.

⑥ 개별투자자가 위험을 기피할수록 요구수익률은 낮아진다.

⑦ 일반적으로 위험과 요구수익률은 비례관계에 있다.

⑧ 요구수익률이 기대수익률보다 낮을 경우 투자안이 채택된다.

⑨ 기대수익률이 요구수익률보다 작은 경우 투자안이 채택된다.

① 최소 : 요구

② 후 달성 : 실현

③ 기회비용 : 요구

④ 금리↑ : 요구↑

⑤ 무위험↓ : 요구↓

⑥ 위험기피↑ : 요구↑

⑦ 정비례

⑧ 요작 채택

⑨ 기작 기각

테마 030
위험의 처리 및 관리방안

1) 회피 : 위험한 투자안 제외
2) 전가 : 제3자에게 떠넘김 (계약)
3) 보수적 예측 : 수익은 낮게, 위험은 높게
4) 위험조정할인율법 : 높은 할인율, 할증률 더함, 요구↑
5) 민감도분석 : 투입요소(변수)의 변화에 따른 결과반응

1) 회피 : 제외
2) 전가 : 계약
3) 보수적 예측 : 기대↓
4) 위험조정할인율 : 요구↑
5) 요소, 변수 : 민감도

47 위험의 처리 및 관리방안에 대한 설명으로 옳은 것은?

① 위험조정할인율은 장래 기대되는 수익을 현재가치로 환원할 때 위험에 따라 조정된 할인율이다.

② 위험조정할인율을 적용하는 방법으로 장래 기대되는 소득을 현재가치로 환산하는 경우, 위험한 투자안일수록 낮은 할인율을 적용한다.

③ 위험조정할인율법은 투자효과를 분석하는 모형의 투입요소가 변화함에 따라, 결과에 어떠한 영향을 주는가를 분석한다.

④ 보수적 예측은 투자수익의 추계치를 상향조정하는 방법이다.

⑤ 투자안의 위험을 처리할 때 위험한 투자안을 제외시키는 방법을 위험의 전가라고 한다.

① 사실상 요구수익률
② 높은 할인율
③ 투입요소 : 민감도
④ 보수: 기대↓
⑤ 제외 : 회피

기출지문

(1) 32회] 재무적 사업타당성분석에서 사용했던 주요 변수들의 투입 값을 낙관적, 비관적 상황으로 적용하여 수익성을 예측하는 분석을 [흡수율 vs 민감도] 분석이라고 한다.

(2) 34회] 민감도 분석을 통해 투입요소의 변화가 그 투자안의 내부수익률에 미치는 영향을 분석할 수 있다. [O, X]

— 테마 031 —
투자안의 선택, 효율적 투자전선, 포트폴리오

1. 평균 – 분산 지배원리

① 투자안의 수익률과 위험을 통한 투자선택
② 평균은 높을수록 분산(편차)은 낮을수록 유리
③ 변이계수 : 수익 한 단위당 위험 : 낮을수록 유리

① 평균=수익률, 분산=위험
② 평균↑, 분산↓, 편차↓
③ 변이계수 = 위험

2. 효율적 투자전선(프런티어)

① 동일 위험선상 최고 수익을 연결한 포트폴리오
② 효율적 투자전선 : 우상향 [더↑수익, 더↑위험]
③ 무차별곡선 : 동일한 효용의 위험–수익 조합선
④ 위험회피도↑ = 보수적 → 곡선 기울기는 급해짐
⑤ 최적 투자안 : 프런티어와 무차별곡선의 접점

① 동일위험, 최고수익
② 프런티어 : 우상향
③ 투자대안 집합선
④ 보수의 무기는 급하다
⑤ 최적 : 접점

3. 포트폴리오

① 위험을 제거하기 위한 분산투자조합
② 위험 = 체계적 위험 + 비체계적 위험
③ 체계적 위험 : 시장 전체 = 제거불가
④ 비체계적 위험 : 개별·고유 = 제거가능
⑤ 효과 극대화 : 자산간 움직임 = 상관계수 고려
⑥ 자산간 수익률의 움직임 → 반대일수록 유리
⑦ 상관계수 : –1 : 위험 제거 효과 극대화
⑧ 상관계수 : +1 : 위험 제거 효과 없음
⑨ 자산간 움직임 유사 : 상관계수 양 : 효과↓
⑩ 자산간 움직임 반대 : 상관계수 음 : 효과↑

① 위험 제거 목적
② 체계와 비계
③ 체계적 절대 제거불가
④ 오직 비계만 제거
⑤ 상관계수로 측정
⑥ 짜장 + 짬뽕이 최고
⑦ –1 : 극대화
⑧ +1 : 없음
⑨ 유사 : 양 : 효과 떨어짐
⑩ 음~~~~~~ 굿!!!!!

48 투자안의 선택 및 포트폴리오에 대한 설명으로 틀린 것은?

① 평균-분산 지배원리에 따르면 두 자산의 기대수익률이 동일할 경우, 표준편차가 낮은 투자안이 유리하다.

② 효율적 프론티어(효율적 전선)란 평균-분산 지배원리에 의해 모든 위험 수준에서 최대의 기대수익률을 얻을 수 있는 포트폴리오의 집합을 말한다.

③ 효율적 프론티어의 우상향에 대한 의미는 투자자가 높은 수익률을 얻기 위해 많은 위험을 감수하는 것이다.

④ 최적의 포트폴리오는 투자자의 무차별곡선과 효율적 프론티어의 접점에서 선택된다.

⑤ 위험의 회피도가 높을수록 투자자의 무차별곡선의 기울기는 완만하게 나타난다.

① 표준편차 낮은 거
② 동일위험,최고수익
③ 더↑수익,더↑위험
④ 접점
⑤ 보수의 무기 급함

49 포트폴리오에 대한 설명으로 옳은 것은?

① 분산투자는 포트폴리오를 구성하는 투자자산 종목의 수를 늘릴수록 체계적 위험을 감소시는 것을 목적으로 한다.

② 자산간 상관계수가 1인 두 개의 자산으로 포트폴리오를 구성할 때 포트폴리오의 위험감소 효과가 최대로 나타난다.

③ 개별자산의 기대수익률 간 상관계수가 0인 두 개의 자산으로 포트폴리오를 구성할 때 포트폴리오의 위험감소효과가 최대로 나타난다.

④ 자산 간의 상관계수가 완전한 음(-)의 관계에 있을 때, 포트폴리오 구성을 통한 위험절감 효과가 나타나지 않는다.

⑤ 2개의 자산의 수익률이 서로 같은 방향으로 움직일 경우, 상관계수는 양의 값을 가지므로 위험분산 효과가 작아진다.

① 비체계 감소
② 1 : 없다
③ -1 : 최대효과
④ 완전한 양(+)
⑤ 같은, 양, 효과↓

── 테마 032 ──
화폐의 시간가치

1) 복리 이자계산 : 할증 (×1.r)과 할인 (÷1.r)	1) 복리로 이자계산
2) 미래가치계수1 : 일시불 내가계수 : O원의 후?	2) × $(1+r)^n$
3) 미래가치계수2 : 연금의 내가계수 : 매O원의 후?	3) 분모에 r, n승 = 내가
4) 미래가치계수3 : 감채기금계수 : O원 만들기 ∥ 적립	4) 만들기 위한 적립/불입
5) 미래가치계수1 : 일시불 현가계수 : O원의 현재?	5) ÷ $(1+r)^n$ [할인]
6) 현재가치계수2 : 연금의 현가계수 : 매O원의 현재?	6) 분모에 r, −n승 = 현가
7) 현재가치계수3 : 저당상수 : O원 대출 : 상환액	7) 원리금균등 대출조건
8) 역수: 연금의 내가↔감채기금 ∥ 연금의 현가↔저당상수	8) 내가 − 감기 ∥ 현 − 저
9) 잔금액 = 원리금 × 연금의 현가계수 [남은기간]	9) 잔금 : 연금의 현가계수
10) 상환비율 + 잔금비율 = 1	10) 상환비율 = 1− 잔금비율

50 화폐의 시간가치에 대한 설명으로 틀린 것을 모두 고르면?

① 5년 후 주택구입에 필요한 5억원을 모으기 위해 매월말 불입해야 하는 적금액을 계산할 때, 감채기금계수를 활용한다.	① O원 모으기, 적립
② 매월말 60만원씩 5년간 들어올 것으로 예상되는 임대수입의 현재가치를 계산하려면, 연금의 미래가치계수를 활용한다.	② 매 현재 :연금현가
③ 연금의 현재가치계수와 감채기금계수는 역수 관계이다.	③ 내가감기 : 역수
④ 임대기간 동안 월임대료를 모두 적립할 경우, 이 금액의 미래 가치를 산정한다면 연금의 내가계수를 사용한다.	④ 매, 미래 :연금내가
⑤ 현재 10억원인 아파트가 매년 5%씩 가격이 상승한다고 가정할 때, 3년 후 아파트 가격을 산정하는 경우 일시불의 미래가치계수를 사용한다.	⑤ 10억, 후: 일시내가
⑥ 원금균등상환방식으로 대출한 가구가 매기 상환액을 산정할 때는 융자액에 저당상수를 곱하여 산정한다.	⑥ 원리금균등
⑦ 잔금비율은 1에서 상환비율을 차감한 값이다.	⑦ 잔금 + 상환 = 1

51　A는 매월 말에 50만원씩 5년 동안 적립하는 적금에 가입하였다. 이 적금의 명목금리는 연 3%이며, 월복리 조건이다. 이 적금의 현재가치를 계산하기 위한 식으로 옳은 것은? (주어진 조건에 한함)

① $500,000 \times \left\{ \dfrac{(1+0.03)^5 - 1}{0.03} \right\}$

② $500,000 \times \left\{ \dfrac{\left(1+\dfrac{0.03}{12}\right)^{5\times12} - 1}{\dfrac{0.03}{12}} \right\}$

③ $500,000 \times \left(1+\dfrac{0.03}{12}\right)^{5\times12}$

④ $500,000 \times \left\{ \dfrac{0.03}{1-(1+0.03)^{-5}} \right\}$

⑤ $500,000 \times \left\{ \dfrac{1-\left(1+\dfrac{0.03}{12}\right)^{-5\times12}}{\dfrac{0.03}{12}} \right\}$

- 매월의 현재
  → 연금의 현가
  → 월 단위로 찾음

1) 연금은 분모에 r
   ③, ④는 탈락

2) 현가는 ⁻n승
   → ⑤번 정답

—— 테마 033 ——
현금흐름의 추정

투자에 따른 현금흐름 : **영업**의 현금흐름 + **처분**의 현금

영업의 현금흐름 − 소득이득			매각의 현금흐름 − 자본이득
임대료(P) × 면적(Q)			
= **가능총소득 [잠재총소득]**			
− 공실 및 불량부채	잡비		
+ 기타소득			
유효총소득	경비		**매도가격**
− 영업경비		−	매도경비
순영업소득	부채	=	**순매도액**
− 부채서비스액(원리금)		−	미상환저당잔금
세전현금흐름	세금	=	**세전지분복귀액**
− 영업소득세		−	자본이득세
= **세후현금흐름**	최종	=	**세후지분복귀액**

1) 가능총소득 = 임대료 X 임대단위수
2) 유효총소득 = 가능 – 공실 + 기타
3) 순영업소득 = 유효 – 영업경비
4) 영업경비 불포함 : 공실, 부채서비스액, 감가, 소득세
5) 세전현금흐름 = 순영업 – 부채서비스액
6) 순 = 총투자수입 ‖ 세전 = 지분수입
7) 세후현금흐름 = 세전현금흐름 – 영업소득세
8) 매도가격 – 매도경비 = 순매도액
9) 순매도액 – 미상환저당잔금 = 세전지분복귀액
10) 세전지분복귀액 – 자본이득세 = 세후지분복귀액

1) 가능 = P X Q
2) 가 – 공 + 기 = 유
3) 유 – 영 = 순
4) 공부감소 불포함
5) 순 – 부 = 세전
6) 총–순 ‖ 세–지분
7) 세전 – 세금 = 세후
8) 매도 – 매도 = 순매도
9) 순매도 – 잔금 = 세전
10) 양도소득세

52　현금흐름에 대한 설명으로 틀린 것은?

① 가능총소득은 단위면적당 추정 임대료에 임대면적을 곱하여 구한 소득이다.

② 순영업소득은 유효총소득에서 영업경비를 차감한 소득이다.

③ 영업경비는 부동산 운영과 직접 관련 있는 경비로, 광고비, 전기세, 수선비, 재산세가 이에 해당된다.

④ 세전지분복귀액은 자산의 순매각금액에서 미상환 저당잔액을 합산하여 지분투자자의 몫으로 돌아오는 금액을 말한다.

⑤ 세전현금흐름은 지분투자자에게 귀속되는 세전소득을 말하는 것으로, 순영업소득에 부채서비스액을 차감한 소득이다.

① 가능 = P X Q

② 유 - 영 = 순

③ 재산세 포함

④ 차감하여

⑤ 순 - 부 = 세전

— 테마 034 —
투자분석기법1 : 할인법

1. 투자분석기법의 구분

① 할인법 = 시간가치 고려O
　순현가, 수익성지수, 내부수익률, 현가회수기간법
② 비할인법등 : 회수기간법, 회계이익률법

할인법 = 시간가치 고려
순, 수, 내, 현가뿐!!

2. 순현가법 [할인법]

① 유입[수입]의 현가 - 유출[지출]의 현가
② 계산법 : (유입 ÷ 1.r) - 유출액
③ 할인율 = 재투자율 = 요구수익률 [사전필수O]
④ 투자채택기준 : 순현가(NPV) ≧ 0

입현가 - 출현가
나빼 (할인하여 뺌)
요구수익률로 할인
0보다 크거나 같아야

3. 수익성지수법 [할인법]

① 유입의 현가를 유출의 현가로 나눔
② 유출의 현가에 대한 유입의 현가
③ 계산법 : (유입 ÷ 1.r) ÷ 유출액
④ 투자채택기준: 수익성지수 ≧ 1

입을 출로 나눔
출에 대한 입
나나 (할인하여 나눔)
1보다 크거나 같아야

4. 내부수익률법 [할인법]

① 유입의 현가 = 유출의 현가를 같게 만드는 할인율
② 순현가 = 0, 수익성지수 = 1로 만드는 할인율
③ **할인율 = 재투자율 = 내부수익률 [요구필수×]**
④ 투자채택기준 : 내부수익률 ≧ 요구수익률
⑤ 계산법 : (유입 - 유출) ÷ 유출액

현가, 현가 같게
영(0)순이 누나 일(1)수
요구수익률로 할인X
요구보다 커야 채택
차나투 (차액 나누기 투자)

1) 투자규모가 다를 때는 수익성지수법, 순현가법의 판단이 달라질 수도 **있음**

2) 순현가법, 내부수익률법 중 어느 방법을 사용하느냐에 따라 우선순위가 달라질 수 **있음**

3) 순현가법으로 타당성이 있는 사업이 내부수익률법으로는 타당성이 없을 수도 **있음**

4) 할인율 = 재투자율 고려 : 일반적으로 **순현가**법이 **더 타당**하다고 평가

53 현금흐름에 대한 설명으로 틀린 것은?

① 동일한 현금흐름의 투자안이라도 투자자의 요구수익률에 따라 순현재가치(NPV)가 달라질 수 있다.

     ① 달리질 수 있다.

② 순현재가치는 투자자의 요구수익률로 할인한 현금유입의 현가에서 현금유출의 현가를 **뺀** 값이다.

     ② 유입(현)-유출(현)

③ 내부수익률법에서는 내부수익률과 실현수익률을 비교하여 투자 여부를 결정한다.

     ③ 내부와 요구비교

④ 수익성지수(PI)는 투자로 인해 발생하는 현금유입의 현가를 현금유출의 현가로 나눈 비율이다.

     ④ 입을 출로 나눔

⑤ 내부수익률법에서는 내부수익률이 요구수익률보다 작은 경우 해당 투자안을 선택하지 않는다.

     ⑤ 내부 작음 : 기각

54 현금흐름에 대한 설명으로 옳은 것은?

① 부동산 투자분석기법 중 화폐의 시간가치를 고려한 방법에는 순현재가치법, 내부수익률법, 회계적 이익률법이 있다.

     ① 회계이익률: 할인X

② 내부수익률이란 순현가를 1로 만드는 할인율이고, 수익성지수를 0으로 만드는 할인율이다.

     ② 순 = 0, 수 = 1

③ 순현가법에서는 재투자율로 내부수익률을 사용하고, 내부수익률법에서는 요구수익률을 사용한다.

     ③ 순 : 요구수익률
     내부: 내부수익률

④ 내부수익률이란 투자로부터 기대되는 현금유입의 현재가치와 현금유출의 현재가치를 같게 하는 할인율이다.

     ④ 현가, 현가 같게

⑤ 내부수익률은 순현가를 0보다 작게 하는 할인율이다.

     ⑤ 순현가를 0으로!

55 다음 표와 같은 투자안이 있다. 이 사업들은 모두 사업 기간이 1년이며, 사업 초기 (1월 1일) 에 현금지출만 발생하고 사업 말기 (12월 31일)에 현금유입만 발생한다고 한다. 할인율이 연 10%라고 할 때 다음을 산정하면?

〈 보 기 〉

투자안	현금지출	현금유입
A	2,000	2,365
B	3,000	3,520
C	4,000	4,510
D	5,000	5,632

1) A와 B의 순현가	2) C와 D의 수익성지수	3) A와 D의 내부수익률
A 순현가 = [ ] B 순현가 = [ ]	C의 수익성지수 = [ ] D의 수익성지수 = [ ]	A 내부수익률 = [ ] D 내부수익률 = [ ]

1) A 순현가 : 2,365 ÷ 1.1 － 2,000 = 150
2) B 순현가 : 3,520 ÷ 1.1 － 3,000 = 200
3) C 수익성지수 : 4,510 ÷ 1.1 ÷ 4,000 = 1.025
4) D 수익성지수 : 5,632 ÷ 1.1 ÷ 5,000 = 1.024
5) A 내부수익률 : 365 ÷ 2,000 = 18.25%
6) D 내부수익률 : 632 ÷ 5,000 = 12.64%

테마 035
투자분석기법2 : 어림셈법, 비율분석법등

1. 어림셈법

① 시간가치 고려X = 비할인법 [승수법, 수익률법]
② 승수 = 회수기간 ‖ 승수가 작다 = 회수기간 짧다
③ 순소득승수 = 총투자액 ÷ 순영업소득
④ (종합)자본환원율 = 순영업소득 ÷ 총투자액
⑤ 공식의 기본원칙 = 세가 나오면 지분이 나옴!

승수 = 회수기간
승수↓ = 회수기간 ↓
세전승수 = 지분 / 세전
세후수익률 = 세후 / 지분

2. 비율분석법

$$대부비율 = \frac{융자잔금\ (L)}{총투자액(V)}$$ 　총투자액에 대한 융자잔금비율(LTV)

$$부채비율 = \frac{융자\ (부채)}{지분\ (자본)}$$ 　지분에 대한 부채 부채를 자본으로~

→ 대부비율이 50%면 부채비율은 50/50 = 100%

대부비율 = LTV= 융자비율
부채비율
→ 나에 대한 너
→ 자기에 대한 타인자본
→ 지분에 대한 융자비율
→ 자본 + 부채 = 자산총계

3. 부채감당률

$$부채감당률 = \frac{순영업소득}{부채서비스액}$$ 　부채서비스액에 대한 순영업소득

① 순영업소득이 부채의 몇 배인가? (상업용 대출)
② 부채감당률 〉1 : 감당 능력이 충분

① 부채서비스액에 대한 순영업소득의 비율!
② 1보다 크다 : 충분
③ 1보다 작다 : 부족
④ 은행의 위험 낮추기
→ 감당률 상향조정

4. 기타 (채무불이행률, 회계이익률법, 단순회수기간법)

$$채무불이행률 = \frac{경비 + 부채서}{유효총소득}$$ 　유채꽃은 경부선을 따라~

① 회계이익률(평균수익률)은 목표보다 커야 채택
② 회수기간(단순회수기간)은 목표보다 작아야 채택

① 채무불 = 유효총 기준
② 회계이익률 = 비할인법
③ 회수기간 = 비할인법
④ 이익률은 목표보다 커야
회수는 목표보다 작아야

56 투자 분석에 대한 설명으로 틀린 것은?

① 수익률법과 승수법은 투자 현금흐름의 시간가치를 반영하지 않고 타당성을 분석하는 방법이다.

② 투자 타당성은 총투자액 또는 지분투자액을 기준으로 분석할 수 있으며, 순소득승수는 지분투자액을 기준으로 한다.

③ 세전지분투자수익률은 지분투자액에 대한 세전현금흐름의 비율이다.

④ 종합자본환원율은 순영업소득을 총투자액으로 나눈 비율이다.

⑤ 순소득승수는 총투자액을 순영업소득으로 나눈 값이다.

① 어림셈법 : 비할인

② 순 - 총

③ 지분 - 세전

④ 순 - 총

⑤ 총 - 순

57 투자 분석에 대한 설명으로 옳은 것은?

① 부채비율은 지분에 대한 부채의 비율이며, 대부비율이 50%일 경우에는 부채비율도 50%가 된다.

② 부채감당률이란 유효총소득이 부채서비스액의 몇 배가 되는가를 나타내는 비율이다.

③ 회계적 이익률법에서는 투자안의 이익률이 목표이익률보다 높은 투자안 중에서 이익률이 가장 높은 투자안을 선택하는 것이 합리적이다.

④ 회수기간은 투자시점에서 발생한 비용을 회수하는데 걸리는 기간을 말하며, 회수기간법에서는 투자안 중에서 회수기간이 가장 장기인 투자안을 선택한다.

⑤ 채무불이행률은 순영업소득이 영업경비와 부채서비스액을 감당할 수 있는지를 측정하는 비율이며, 채무불이행률을 손익분기율이라고도 한다.

① 대부50, 부채100

② 순영업 기준

③ 높은게 좋지요!

④ 짧은게 좋지요!

⑤ 유채꽃은 경부선을 따라 핍니다.

— 테마 036 —
부동산 금융일반 (금융구분)

1) 소비금융 = 수요자 금융 = 주택담보대출 [모기지론]	1) 소비금융 = 집 사는 금융
2) 개발금융 = 공급자 금융 = PF [건설금융]	2) 개발금융 = 집 짓는 금융
3) 지분금융 = 지분권 판매, 주식발행 : 자기자본 조달 　→ 신디케이트, 사모, 공모, 조인트벤처, 리츠, 펀드	3) 지분금융 = 내 돈 조달 　지분금융 = 신사공조리퐁
4) 부채금융 = 채권판매, 저당설정 : 타인자본 조달	4) 부채금융 = 남 돈 빌림
5) 메자닌 금융 = 지분금융 + 부채금융 혼합 　→ 전환사채, 신주인수권부사채, 후순위	5) 메자닌 = 지분 + 부채 　전, 신주, 후덜덜 매달린
6) 주택도시기금 : 국민주택 규모의 주택지원	6) 국민주택 초과 지원불가!

58　부동산 금융에 관한 설명으로 틀린 것은?

① 주택시장이 침체하여 거래가 부진하면 수요자 금융을 확대하여 주택경기를 활성화 시킬 수 있다.

② 주택개발금융은 주택을 구입하려는 사람이 주택을 담보로 제공하고 자금을 제공받는 형태의 금융을 의미한다.

③ 주택소비금융은 주택구입능력을 제고시켜 자가주택 소유를 촉진시킬 수 있다.

④ 주택도시기금은 국민주택의 건설이나 국민주택규모 이하의 주택 구입에 출자 또는 융자할 수 있다.

⑤ 아래 내용을 읽고 지분 / 부채 / 메자닌을 채우시오

부동산 신디케이트	1	사모, 공모방식 증자	6
주택상환사채	2	부동산 투자펀드	7
부동산투자회사(REITs)	3	조인트벤처	8
자산유동화증권(ABS)	4	저당유동화증권(MBS)	9
전환사채 (CB)	5	신주인수권부사채	10

① 수요자 금융확대 → 경기활성화

② 소비금융

③ 자가소유증대

④ 국민주택규모○

⑤ 지분 신사공조리펀
　메자닌 전,신주,후

테마 037
주택담보대출 규제(LTV, DTI)

1) LTV = 담보인정비율 : 부동산 가치(V) 기준
2) DTI = 총부채상환비율 : 차입자의 소득(V) 기준
3) DSR = 총부채원리금상환비율 : 소득기준, DTI를 강화
4) 가계부채 안정화, 대출위험 줄이기 : LTV, DTI↓

1) LTV : V 기준
2) DTI : I 기준 (능력)
3) DSR : I 기준, DTI 강화
4) 내리면 모든게 낮아짐

59 주택 담보대출에 대한 설명으로 틀린 것은?

① 담보인정비율(LTV)은 주택의 담보가치를 중심으로 대출 규모를 결정하는 기준이다.

① V : 담보가치

② 차주상환능력(DTI)은 차입자의 소득을 중심으로 대출규모를 결정하는 기준이다.

② I : 차입자 소득

③ 총부채원리금상환비율(DSR)은 차주의 총 금융부채 상환부담을 판단하기 위하여 산정하는 차주의 연간소득 대비 연간 금융부채 원리금 상환액 비율을 말한다.

③ DSR :
소득대비
원리금상환액

④ 금융당국은 위축된 주택금융시장을 활성화하기 위하여 담보인정비율(LTV)과 총부채상환비율(DTI)을 하향조정한다.

④ 시장의 활성화
→ LTV, DTI상향

⑤ 정부는 주택소비금융의 축소와 금리인상, 대출규제의 강화로 주택가격의 급격한 상승에 대처한다.

⑤ 소비금융 축소
대출규제 강화
→ 시장 안정화

60 주택 담보 대출을 희망하는 A의 소유 주택 시장가치가 6억원이고 연소득이 6,000만원일 때, LTV, DTI를 고려하여 A가 받을 수 있는 최대 대출가능금액은?

- 연간 저당상수 : 0.12
- 담보인정비율(LTV): 시장가치기준 60%
- 총부채원리금상환비율(DTI) : 40%
- 두 가지 대출 승인기준을 모두 충족
- 기존 대출액 : 5000만원

(1) L : 6억×60% = 3.6억

(2) D : 6000만×40%÷0.12
　　 = 2억원

(3) 2억원 - 5000만 = 1.5억

61 시장가격이 5억원이고 순영업소득이 1억원인 상가를 보유하고 있는 A가 추가적으로 받을 수 있는 최대 대출가능 금액은?

- 연간 저당상수: 0.2
- 대출승인조건(모두 충족하여야 함)
　- 담보인정비율(LTV) 60% 이하
　- 부채감당률(DCR): 2 이상
- 상가의 기존 저당대출금: 1억원

(1) L : 5억×60% = 3억

(2) 순 : 1억
　　당 : ÷ 0.2
　　당 : ÷ 2 = 2.5억

(3) 2.5억 - 1억원 = 1.5억원

테마 038
고정금리저당, 변동금리저당

1) 고정금리대출 : 만기까지 이자고정	1) 고정 : 금리고정
2) 시장금리 하락기 : 차입자 → 조기상환 고려	2) 시장↓ : 조기상환
3) 시장금리 하락기 : 대출자 → 조기상환위험	3) 시장↓ : 조기상환위험
4) 시장금리 상승기 : 기존대출 유지	4) 시장↑ : 기존대출유지
5) 시장금리 상승기 : 수익률 악화 [인플레위험]	5) 시장↑ : 수익률 악화
6) 변동금리 = 기준금리 + 가산금리	6) 변 = 기 + 가
7) 기준금리 : COFIX(자금조달비용지수)	7) 변·기 잡고 COFIX
8) 변동금리 : 차입자에게 위험을 전가할 수 있음	8) 변동 : 전가가능

62 부동산 금융에 대한 설명으로 옳은 것은?

① 고정금리대출의 차입자는 시장이자율이 약정이자율보다 높아졌을 때 조기상환을 고려하게 된다. — ① 시장이 낮아질 때

② 코픽스(Cost of Funds Index)는 은행의 자금조달비용을 반영한 고정금리 대출의 기준금리이다. — ② 변동의 기준

③ 고정금리에서 시장이자율이 계약이자율보다 높아지면 대출기관은 인플레이션 위험에 직면한다. — ③ 시장이 높아지면 인플레 위험

④ 고정금리 주택담보대출의 이자율은 기준금리에 가산금리를 합하여 결정된다. — ④ 변동금리

⑤ 고정금리 주택담보대출은 이자율 변동으로 인한 위험을 차주에게 전가하는 방식으로 금융기관의 이자율 변동위험을 줄일 수 있다. — ⑤ 위험전가 : 변동

— 테마 039 —
저당의 상환

1. 원금균등분할상환

① 원금일정 ‖ 이자감소 ‖ 원리금 감소 [체감식]
② 초기 원금상환부담 큰 편
③ 누적 전체이자는 낮은 편

2. 원리금균등분할상환

① 원리금 일정 ‖ 이자감소 ‖ 원금증가
　→ 원리금 = 융자액 × 저당상수
② 이자가 감소하는 만큼 = 원금이 증가
③ 초기에는 이자비중↑, 갈수록 원금비중↑

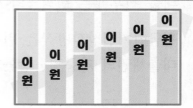

3. 점증식분할상환

① 원리금이 점차 증가 = 체증식
② 초기 상환액을 낮추고 소득이 증대됨에 따라 상환액 증가
③ 대출초기 소득이 낮은 차입자에게 유리

4. 원금균등 vs 원리금균등 vs 점증식 [기타]

① 초기 상환액 : 원리금 : 원금균등 〉 원리금균등 〉 점증식상환
② 중도 상환액 : 잔금액 : 점증식 〉 원리금균등 〉 원금균등상환
③ 누적 상환액 : 이자액 : 점증식 〉 원리금균등 〉 원금균등상환
④ 듀레이션 (상환기간 = 회수기간)이 짧은 순 : 원금균 → 원리금균등 → 점증식
⑤ 초기 (DTI) = 총부채상환비율 : 원금균등 〉 원리금균등 〉 점증식

▶ 듀레이션 짧은 순서 : 원금균등 〈 원리금균등 〈 점증식 〈 원금만기일시상환

63 저당의 상환에 대한 설명으로 틀린 것은? [다른 모든 조건 동일]

① 원금균등상환방식의 경우, 매기간에 상환하는 원리금상환액과 대출잔액이 점차적으로 감소한다.

① 원금균등
→ 원리금 감소

② 원리금균등상환방식의 경우, 매기간에 상환하는 원금상환액이 점차적으로 감소한다.

② 원리금균등
→ 원금 증가

③ 체증(점증)상환방식은 원금균등분할상환방식에 비해 대출잔액이 천천히 감소하므로 상대적으로 이자부담은 큰 편이다.

③ 체증식
→ 이자부담↑

④ 원리금균등분할상환방식은 원금균등분할상환방식에 비해 대출 직후에는 원리금의 상환액이 적다.

④ 원리금균등
초기 상환액↓

⑤ 원금만기일상환방식은 원금균등분할상환방식에 비해 대출채권의 가중평균상환기간(duration)이 긴 편이다.

⑤ 원금만기일시
듀레이션 매우↑

64 저당의 상환에 대한 설명으로 옳은 것은? [다른 모든 조건 동일]

① 원금균등상환방식의 경우, 원리금균등상환방식보다 대출금의 가중평균상환기간(duration)이 더 길다.

① 원금균등 듀레이션
→ 가장 짧음

② 만기일시상환방식의 경우, 원금균등상환방식에 비해 대출 금융기관의 이자수입이 줄어든다.

② 만기일시상환
→ 이자 가장↑

③ 대출금을 조기상환하는 경우 원리금균등상환방식에 비해 원금균등상환방식의 상환액이 더 크다.

③ 조기상환액=잔금
원금균등 가장↓

④ 원금균등상환방식은 원리금균등상환방식에 비해 전체 대출기간 만료 시 누적원리금상환액이 더 작다.

④ 누적상환액=이자
원금균등 가장↓

⑤ 체증(점증)상환 방식의 경우, 미래 소득이 감소될 것으로 예상되는 은퇴예정자에게 적합하다.

⑤ 체증식
소득증가시 유리

65 A씨는 은행으로부터 4억원을 대출받았다. 대출조건이 다음과 같을 때, A씨가 3회차에 상환할 원금과 3회차에 납부할 이자액을 산정하면?

- 대출금리: 고정금리, 연 6%
- 대출기간: 20년
- 저당상수: 0.087
- 원리금상환조건: 원리금균등상환, 연단위 매기간 말 상환

원리금	4억 × 0.087 = 0.348억	저당상수	0.087	
		− 금리	− 0.06	
		× 융자	× 4억원	= 0.108억 (1회원금)
		× 1.r	× 1.06	= 0.11448억 (2회원금)
		× 1.r	× 1.06	= 0.1213488억 (3회원금) (ㄱ)
		− 원리금	− 0.348억	= 0.2266512억 (3회이자) (ㄴ)

66 A는 주택 구입을 위해 연초에 6억원을 대출 받았다. 대출 조건이 다음과 같을 때, ㉠ 대출금리와 ㉡ 2회차에 상환할 이자액은?

- 대출금리: 고정금리
- 대출기간: 30년
- 원리금 상환조건: 원금균등상환방식
- 매년 말 연단위로 상환
  - 1회차 원리금 상환액: 4,400만원

원금액	1회원금	2000만원	2회잔금	6억−(2000만×1) = 5.8억
6억원 30년	1회이자	6억x	금리	× 4%
	1회상환액	= 4400만원	2회이자	= 2320만원
= 2000만	6억 × x = 2400만 : ㉠ 4%		2회이자 : ㉡ 2320만원	

— 테마 040 —
역저당 (주택연금)

1) 만 55세이상 : 연금식 대출 [대출잔액 : 누적]	1) 역저당 = 연금식 (분할)
2) 주택법상 주택, 주거목적 오피스텔 가능 [공시: 12억↓]	2) 공시가격 12억↓ 변경
3) 주택연금 보증기관 : HF [주택금융공사] : 위험부담	3) 주택연금 = HF보증
4) 수령방법 : 종신형, 확정기간 방식등	4) 가입자 만기지정 가능
5) 중도상환 가능 : 중도상환수수료 ×	5) 수수료 없이 중도상환
6) 만기 : 부부 모두 사망시 원칙 (종신방식)	6) 부부간 승계 가능
7) 주택처분가격 〉 연금잔액 : 법정상속인 귀속	7) 남으면 돌려주고
8) 주택처분가격 〈 연금잔액 : 미청구 원칙	8) 모자라면 봐준다

67 주택연금에 대한 설명으로 옳은 것은?

① 주택연금이란 주택에 저당을 설정하고, 금융기관으로부터 주택 가치만큼 일시불로 노후생활자금을 받는 제도다.	① 연금식 대출
② 주택연금은 수령기간이 경과할수록 대출잔액이 감소된다.	② 대출잔액 증가
③ 주택연금의 보증기관은 주택도시보증공사(HUG)이다.	③ HF(주택금융공사)
④ 주택연금은 중도상환시 2%의 수수료를 부담한다.	④ 수수료 없음
⑤ 한국주택금융공사는 주택연금 담보주택의 가격하락에 대한 위험을 부담할 수 있다	⑤ HF : 위험부담

—— 테마 041 ——
프로젝트 파이낸싱 (PF)

이론1　PF의 일반적 특징

1) PF의 차입자 : 특수법인 (SPC)	1) 아들명의 사업
2) 특징1) 담보 : 미래의 현금흐름, 사업자체자산	2) 사업성 담보 : 완전한 물적×
3) 특징2) 원사업자 대차대조표에 부채× : 부외금융	3) 엄마의 가계부에 부채X
4) 특징3) 원사업자에게 채권청구× : 비소구금융	4) 엄마에게 빚 청구X
5) 특징4) 자금관리 : 위탁계좌 : 에스크로 활용	5) 맑고 밝고 투명하게 위탁
6) 특징5) 위험배분 : 참여자간 위험배분이 가능함	6) 서로 같이 함께 죽어요

68　프로젝트 파이낸싱에 대한 설명으로 틀린 것은?

① 사전 계약에 따라 미래에 발생할 현금흐름과 사업자체자산을 담보로 자금을 조달하는 금융기법이다.	① 현금흐름,사업자체
② 프로젝트 금융의 상환재원은 프로젝트 자체자산에 의존한다.	② 프로젝트 자체자산
③ 사업주의 재무상태표에 해당 부채가 표시되지 않는다.	③ 부외금융 효과
④ 원사업주의 입장에서는 비소구 또는 제한적 소구방식 이므로 상환의무가 제한되는 장점이 있다.	④ 비(제한적)소구
⑤ 금융기관의 입장에서는 부외금융 효과에 의해 채무수용능력이 커지는 장점이 있다.	⑤ 원사업자 입장

기출지문

(1) 27회] 프로젝트 금융의 자금은 시공회사가 자체계좌를 통해 직접 관리한다. [O, ×]

(2) 29회] 일정한 요건을 갖춘 프로젝트 회사는 법인세 감면을 받을 수 있다. [O, ×]

이론2 **투자적 관점의 위험 및 위험관리**

1) 프로젝트의 자본환원율 (수익률) : 기회비용 반영
2) 프로젝트 위험↑ → 대출자의 요구수익률↑
3) 프로젝트 위험↑ → 자본환원율↑ → 자산가치↓
4) 금융기관의 위험관리방안
　① 시행사, 시공사에 추가출자 요구
　② 에스크로(위탁계좌) – 시행사 이익을 나중에
　③ 시행사에게 토지담보 요구 – 담보신탁, 질권

1) 위험과 기회비용 반영
2) 위험과 요구수익률 정비례
3) 위험↑: 환원율↑: 가치↓

① 니들도 돈내라
② 먹튀방지용!
③ 저당권×, 담보신탁○

---

69 프로젝트 파이낸싱에 대한 설명으로 틀린 것은?

① 프로젝트의 자본환원율은 자본의 기회비용과 프로젝트의 투자위험을 반영한다. ｜ ① 위험, 기회비용

② 자본환원율이 상승하면 부동산 자산가치가 상승하게 되므로 신규개발사업 추진이 용이해진다. ｜ ② 환원율↑가치↓

③ 프로젝트 금융의 자금은 위탁관리하는 것이 원칙이다. ｜ ③ 에스크로

④ 프로젝트의 위험을 낮추기 위해서 금융기관은 시행사 및 시공사에게 자기자본의 투입비중을 확대할 것을 요구한다. ｜ ④ 너도 돈 넣어!

⑤ 프로젝트 위험이 높을수록 투자자의 요구수익률은 높아진다. ｜ ⑤ 정비례

기출지문

(1) 20회] 프로젝트 파이낸싱에서 부동산 개발사업의 자금지출 우선순위를 정할 때, 주로 시행사의 개발이익이 공사비보다 [먼저 vs 나중에] 인출되도록 한다.

(2) 20회] 프로젝트 파이낸싱에서는 부동산 개발사업지를 신탁회사에 [　　]신탁하고 받은 수익권 증서에 [　　]을 설정하기도 한다.

테마 042
부동산 투자회사(REITs)

1) 주식을 통해 자금을 조달하여 부동산에 투자
2) 특징1 : 소액투자, 간접투자, 지분금융, 주식투자
3) 자기관리, 위탁관리, 기업구조조정 리츠로 구분
4) 자기관리리츠 : 운용인력 포함, 임직원 상근, 직접관리
5) 위탁관리리츠, 기업구조조정 리츠 : 자산관리회사 위탁
6) 부동산 투자회사 설립 : 현물출자 불가
7) 자기관리리츠 : 설립자본금 5억, 6개월 뒤 70억이상
8) 위탁,기업리츠 : 설립자본금 3억, 6개월 뒤 50억이상
9) 위탁관리리츠 : 본점외 지점설치 불가, 상근임원X
10) 자기관리리츠 : 운용인력보유 : 평가사·중개사 5년↑

1) 대표적 지분금융
2) 원금손실 가능성O
3) 자기,위탁,기업구조조정
4) 자기 : 포상직
5) 위·기의 자산관리회사
6) 현금출자만 가능
7) 자기 : 567
8) 위기 : 365
9) 위탁관리는 무형!
10) 석사(3년↑)도 가능

70 부동산 투자회사에 관한 설명으로 틀린 것은?

① 자기관리리츠는 자산운용 전문인력을 포함한 임직원을 상근으로 두고 자산의 투자·운용을 직접 수행하는 회사이다.

② 영업인가를 받거나 등록을 한 날부터 6개월이 지난 기업구조조정 부동산투자회사의 자본금은 50억원 이상이 되어야 한다.

③ 위탁관리 부동산투자회사와 기업구조조정 부동산투자회사는 모두 명목형 회사의 형태로 운영된다.

④ 자기관리리츠는 자산을 투자·운용할 때에는 전문성을 높이고 주주를 보호하기 위하여 자산관리회사에 위탁하여야 한다.

⑤ 감정평가사 또는 공인중개사로서 해당 분야에 5년 이상 종사한 사람은 자기관리 부동산투자회사의 상근 자산운용 전문인력이 될 수 있다.

① 자기 : 포상직
② 위기: 3,6개,50억
③ 위탁, 기업구조조정 → 명목형
④ 위탁관리리츠
⑤ 평가사, 중개사 → 5년이상 종사자

71 부동산 투자회사에 대한 설명으로 옳은 것은?

① 자기관리 부동산투자회사의 설립 자본금은 5억원 이상이며 영업인가 후 6개월 이내에 50억원 이상을 모집하여야 한다.

    ① 자기 : 5,6개,70억

② 부동산투자회사는 금융기관으로부터 자금을 차입하거나, 사채를 발행할 수 없다.

    ② 차입, 사채발행○

③ 위탁관리 부동산투자회사는 본점 외의 지점을 설치할 수 있으며, 직원을 고용하거나 상근 임원을 둘 수 있다.

    ③ 없으며, 없다.

④ 위탁관리리츠는 주주를 보호하기 위해서 직원이 준수해야 할 내부통제기준을 제정하여야 한다.

    ④ 직원이 없음

⑤ 위탁관리 부동산투자회사의 경우 주주 1인과 그 특별관계자는 발행주식총수의 50%를 초과하여 소유하지 못한다.

    ⑤ 소유제한 : 50%

기출지문

(1) 34회] 자기관리리츠는 주요 주주는 미공개 자산운용정보를 이용하여 부동산을 매매하거나 타인에게 이용하게 하여서는 아니된다. [○, ×]

(2) 부동산 관련 분야의 석사학위 이상의 소지자로서 부동산의 투자·운용과 관련된 업무에 3년 이상 종사한 사람은 자기관리리츠에서 자산운용인력으로 상근할 수 있다. [○, ×]

(3) 29회] 부동산투자회사는 현물출자에 의한 설립이 가능하다. [○, ×]

저당시장의 구조

1. 1차 저당시장 [자금대출시장]

① 자금의 수요자와 금융기관 사이 ② 주택자금대출 = 저당권 설정 ③ 1차 대출자 = 금융기관 ④ 1차 수익률 = 금리 (저당수익률)	나 – 은행 주택자금 대출 저당권 설정

2. 2차 저당시장 [자금공급시장]

① 금융기관 – SPC – 투자자 사이 ② 주택자금공급 = 저당권 유동화 ③ 2차시장 SPC = 한국주택금융공사(HF) ④ 2차 수익률 = 증권수익률 ⑤ 저당 유동화 : 금융기관의 유동성 증가 ⑥ 저당 유동화 : 대출기회 확대 및 시장 활성화	금융기관 – 투자자 주택자금 공급 저당권 유동화

72 저당의 유동화 및 저당시장에 대한 설명으로 틀린 것은?

① 제1차 저당대출시장은 저당대출을 원하는 수요자와 저당대출을 제공하는 금융기관으로 형성되는 시장이다.	① 1차 : 나 – 은행
② 저당유동화가 활성화 되면 주택금융의 축소로 자가소유 가구 비중이 감소한다.	② 자가소유 비중↑
③ 저당이 유동화되면 주택금융이 확대됨에 따라 대출기관의 자금이 풍부해져 궁극적으로 주택자금대출이 확대될 수 있다.	③ 저당 유동화 → 자금대출확대
④ 제2차 저당시장은 저당권을 유동화함으로써, 1차 저당시장에 자금을 공급하는 역할을 한다.	④ 2차 : 자금공급
⑤ 우리나라의 모기지 유동화중개기관으로는 한국주택금융공사(HF)가 있다.	⑤ 2차 SPC : HF

— 테마 044 —
저당 유동화 증권 (MBS종류)

1. MPTS (주택저당채권 이체증권)

① 지분형 MBS ② 저당채권 : 투자자 ‖ 원리금수취권 : 투자자 ③ 조기상환위험 : 투자자 ④ 콜(조기상환)방어권 ×, 초과담보 ×	MPTS = 지분형 투, 투, 투, ×, ×

2. MBB (주택저당채권 담보부채권)

① 채권형 MBS ② 저당채권 : 발행자 ‖ 원리금수취권 : 발행자 ③ 조기상환위험 : 발행자 ④ 콜(조기상환)방어권 ○, 초과담보 ○	MBB = 채권형 발, 발, 발, ○, ○

3. MPTB (주택저당채권 이체채권)

① 혼합형 MBS ② 저당채권 : 발행자 ‖ 원리금수취권 : 투자자 ③ 조기상환위험 : 투자자	MPTB = 혼합형 저발투수

4. CMO (다계층채권)

① 혼합형 MBS [저발 ‖ 투수] ② 발행자가 저당채권을 가공하여 　　만기와 이자가 다양한 형태(트랜치) ③ 조기상환위험 : 투자자	CMO = 혼합형 다양하고 다름! 저발투수

73 저당 유동화 증권에 대한 설명으로 틀린 것은?

① MPTS(mortgage pass-through securities)는 지분형 증권이다.

② MPTS(mortgage pass-through securities)의 조기상환 위험은 투자자가 부담한다.

③ MBB의 투자자는 최초의 주택저당채권 집합물에 대한 소유권을 갖는다.

④ CMO(collateralized mortgage obligations)는 트랜치별로 적용되는 이자율과 만기가 다른 것이 일반적이다.

⑤ CMO(collateralized mortgage obligation)는 상환우선순위와 만기가 다른 다양한 층(tranche)으로 구성된 증권이다.

① MPTS : 지분형

② MPTS : 투자자

③ MBB 투자자 → 저당권 없다

④ CMO: 다름, 다양

⑤ CMO : 다양한 층

74 저당 유동화 증권에 대한 설명으로 옳은 것은?

① MPTB(mortgage pay-through bond)의 경우, 조기상환 위험은 발행자가 부담하고, 채무불이행 위험은 투자자가 부담한다.

② MBB(mortgage backed bond)는 채권형 증권으로 발행자는 초과담보를 제공하는 것이 일반적이다.

③ MBB(주택저당채권담보부채권)의 저당채권(mortgage)에 대한 소유권과 원리금수취권은 모두 투자자에게 이전된다.

④ 주택저당담보부채권(MBB)의 경우에는 원저당차입자의 채무불이행이 발생한다면 발행자가 투자자에게 원리금을 지급할 의무가 없다.

⑤ MPTB의 발행자는 주택저당채권 집합물을 가지고 일정한 가공을 통해 위험-수익 구조가 다양한 트랜치의 증권을 발행한다.

① MPTB 조기상환위험: 투

② MBB: 초과담보O

③ MPTS 설명

④ MBB 지급보증!

⑤ CMO 설명

── 테마 045 ──
부동산 개발일반

1) 개발 : 토지조성, 건축물 건축, 공작물 설치사업	1) 조성, 건축, 설치 시행
2) 개발의 법적정의 : 시공행위 제외	2) 시공제외
3) 개발주체 : 공공(1) + 민간(2) 합동 = 3섹터	3) 민관합동 = 3섹터
4) 개발과정 : 아이디어 – 예비적 타당성 – 부지 – 타당성	4) 아예부타금건마
5) 예상수입과 비용을 개략적 : 예비적 타당성	5) 개략, 사전 : 예타
6) 법률적, 경제적, 기술적 관점 : (본) 타당성 분석	6) 법경기 : 타당성
7) 개발위험 : 법률적, 시장, 비용위험	7) by 워포드
8) 소유권 : 사법적 위험 ‖ 토지규제 : 공법적 위험	8) 지역지구제 : 공법

75 부동산 개발과 관련된 설명으로 틀린 것은?

① 부동산 개발이란 토지를 건설공사의 수행 또는 형질변경의 방법으로 조성하는 행위 및 건축물을 건축·대수선·리모델링 또는 용도변경 하거나 공작물을 설치하는 행위를 의미하며, 시공을 담당하는 행위를 포함한다.

　　① 시공제외

② 부동산 개발업의 관리 및 육성에 관한 법률상 부동산 개발업이란 타인에게 공급할 목적으로 부동산 개발을 수행하는 업을 말한다.

　　② 개발업의 정의

③ 민간이 자본과 기술을 제공하고 공공기관이 인·허가 등의 행정적인 부분의 효율성을 담당하여 시행되는 개발을 제3섹터(sector)개발이라고 한다.

　　③ 민관합동주체

④ 정부의 정책이나 용도지역제와 같은 토지이용규제로 인해 개발의 법률적 위험이 발생하기도 한다.

　　④ 규제 : 법률적

⑤ 부동산 개발의 일반적 과정은 아이디어→예비적 타당성→부지확보→타당성분석→금융→건설→마케팅순으로 이어진다.

　　⑤ 아예부타금건마

76 부동산 개발의 위험에 대한 설명으로 틀린 것은?

① 인·허가시 용적률의 증가 및 매수예정 사업부지의 가격상승은 사업 시행자의 위험을 증가시키는 요인이다.

① 용적률↑ : 긍정

② 문화재 출토로 인한 사업중단은 시행사가 관리할 수 없는 위험이다.

② 문화재 : 관리X

③ 법률적 위험을 최소화하기 위해서는 이용계획이 확정된 토지를 구입하는 것이 유리하다.

③ 계획이 확정된

④ 행정의 변화에 의한 사업의 인·허가 지연은 시행사 또는 시공사가 스스로 관리할 수 없는 위험에 해당한다.

④ 인허가 : 관리X

⑤ 사업지 주변의 SOC시설의 확충 지연은 시행사 스스로가 관리할 수 없는 요인이다

⑤ SOC : 관리불가

기출지문

(1) 25회] 일반 분양분의 분양가 상승 : 조합의 사업성 [긍정적 vs 부정적]

(2) 25회] 조합원 부담금 인상 : 조합의 사업성 [긍정적 vs 부정적]

(3) 25회] 기부채납의 증가 : 조합의 사업성 [긍정적 vs 부정적]

(4) 25회] 이주비 대출금리의 하락 : 조합의 사업성 [긍정적 vs 부정적]

— 테마 046 —
부동산 개발분석

1) 단계 : 지역경제 – 시장 – 시장성 – 타당성 – 투자분석	1) 지시성타투
2) 지역경제분석 : 인구, 고용률, 환경 → 거시적	2) 거시, 환경 : 지역경제
3) 시장분석 : 수요와 공급 분석	3) 수요공급 : 시장
4) 수요자를 구분 : 세분화 ‖ 공급제품 구분 : 차별화	4) 수를 분 – 세분화
5) 시장성분석 : 개발부동산의 매매, 임대, 분양가능성	5) 매매, 임대, 분양가능성
6) 흡수율 분석 : 일정기간 소비율, 과거추세 분석	6) 소비율, 추세
7) 흡수율 분석의 궁극적 목적 : 장래예측	7) 주된 목적 : 미래예측
8) 타당성 분석 : 법률적, 경제적, 기술적 관점	8) 충분한 수익이 나는가?
9) 민감도 분석 : 투입요소의 변화에 따른 결과분석	9) 투입요소, 변수 변화

77 부동산 개발분석과 관련된 설명으로 옳은 것은?

① 개발사업과 관련된 지역의 경제활동, 인구와 소득 등 대상 지역 전체에 대한 총량적 지표를 분석하는 것을 시장성분석이라고 한다.

① 지역, 인구
→지역경제분석

② 부동산이 가진 경쟁력을 중심으로 해당 부동산이 분양될 수 있는 가능성을 분석하는 것을 지역경제 분석이라고 한다.

② 분양가능성
→시장성분석

③ 공급된 부동산이 시장에서 일정기간 동안 소비되는 비율을 조사하여 해당 부동산 시장의 추세를 파악하는 분석을 민감도 분석이라고 한다.

③ 소비율, 추세
→흡수율 분석

④ 흡수율 분석은 유사부동산에 대한 추세분석으로서, 흡수율 분석의 궁극적 목적은 개발 부동산의 장래예측에 있다.

④ 궁극적 목적
→장래예측

⑤ 타당성 분석에 활용된 투입요소의 변화가 그 결과치에 어떠한 영향을 주는가를 분석하는것을 흡수율 분석이라고 한다.

⑤ 투입요소변화
→민감도분석

— 테마 047 —
법률상 부동산 개발의 분류

1. 도시 및 주거환경정비법상

① 주거환경개선사업 : 극히 열악 ‖ 단독, 다세대 밀집	① 극히, 단독·다세대
② 재개발 : 열악 ‖ 상업·공업·도시기능·상권회복	② 열악, 상·공·도시
③ 재건축 : 양호 ‖ 공동주택 밀집	③ 양호, 공동주택

2. 도시개발법상

① 환지방식 : 미개발토지를 구획정리 후, 재분배 → 체비지+공공시설용지(보류지)를 제외하고 환지	① 환지 : 재분배 보류지를 제외하고 환지
② 수용방식 : 전면 수용 – 전면 개발 후 매각	② 수용 : 전면 수용후 개발
③ 혼용방식 : 일부지역 수용 + 일부지역 환지	③ 혼용 : 수용 + 환지

78 부동산 개발에 대한 다음의 설명 중 옳은 것은?

① 정비기반시설이 극히 열악하고 노후·불량 건축물이 과도하게 밀집한 지역의 주거환경을 개선하기 위해서 시행하는 사업을 주거환경관리사업이라고 한다.
　① 극히 →주거환경개선

② 환지방식이란 미개발 토지를 토지이용계획에 따라 구획정리하고 기반시설을 갖춤으로써 이용가치가 높은 토지로 전환하여 개발토지의 일부를 원소유자에게 재매각하는 것이다.
　② 환지방식 →재분배

③ 단독주택 및 다세대 주택이 밀집한 지역에서 주거환경을 정비하는 사업을 재개발이라고 한다.
　③ 단독, 다세대 →주거환경개선

④ 토지소유자가 조합을 설립하여 농지를 택지로 개발한 후 보류지(체비지·공공시설 용지)를 제외한 개발토지 전체를 토지소유자에게 배분하는 방식을 환지방식이라고 한다.
　④ 보류지 제외·배분 →환지방식

⑤ 토지를 매수하고, 환지방식을 혼합하여 개발하는 것을 전면매수 또는 매수방식이라 한다.
　⑤ 매수 + 환지 →혼용방식

— 테마 048 —
민간개발방식

1) 자체개발사업 : 개발이익↑, 속도↑, 위험↑	1) 위험배분 안됨
2) 지주공동: 등가교환, 분양금정산, 투자자모집, 사업위탁	2) 갑(甲) + 을(乙) 결합
3) 등가교환 : 대물변제 : 건축면적, 지분, 부동산 나눔	3) 면지부를 나눔
4) 사업위탁: 소유권 유지, 이익: 토지소유자, 수수료 지급	4) 유지, 토지소유자,수수료
5) 토지신탁: 소유권 이전, 이익: 신탁수익자, 수수료 지급	5) 이전, 신탁수익자,수수료
6) 컨소시업 : 대규모 연합법인, 위험배분, 이해조정 필요	6) 대규모 연합법인

79 부동산 개발과 관련된 설명으로 틀린 것은?

① 자체개발사업방식은 개발이익의 수준이 높고 개발의 속도가 빠르나 위험관리능력이 요구된다.
　① 위험관리능력

② 지주공동사업방식에서는 토지소유자는 토지를 제공하고, 개발업자는 노하우를 제공하여 서로의 이익을 추구한다.
　② 갑 + 을

③ 토지신탁에서는 신탁회사가 건설단계의 부족자금을 조달한다.
　③ 신탁회사가 조달

④ 개발이 완료된 후 완공된 건축면적이나 개발부동산의 일부를 토지소유자와 개발업자가 투입비중에 맞게 나누어 갖는 방식을 등가교환방식이라고 한다.
　④ 면적을 나눔 →등가교환

⑤ 토지신탁(개발)방식과 사업수탁방식은 형식의 차이가 있으나, 소유권 이전이 이루어진다는 공통점이 있다.
　⑤ 소유권 이전 →신탁에서만

⑥ 토지신탁방식이란 신탁회사가 토지소유권을 이전받아 토지를 개발한 후 분양하거나 임대하여 그 수익을 신탁자(信託者)에게 돌려주는 것이다.
　⑥ 신탁 : 소유권이전 →수익자에게 수익

— 테마 049 —
부동산 신탁

1) 위탁자 : 부동산 소유자 ‖ 수탁자 : 신탁회사 ‖수익자	1) 위탁, 수탁, 수익
2) 모든 신탁은 형식상 **소유권 이전을 동반**	2) 신탁 : 소유권 이전
3) 토지신탁 : 소유권 이전, 자금, 공사관리, 개발대행	3) 토지신탁 : 개발용
4) 담보신탁 : 금융기관으로부터 대출받는 용도	4) 담보신탁 : 대출용
5) 관리신탁 : 소유권 관리, 건물수선·유지, 임대차 관리	5) 관리신탁 : 관리용
6) 처분신탁 : 고가의 부동산, 권리관계 복잡시	6) 처분신탁 : 처분용
7) 분양관리신탁 : 상가등의 선분양 대행	7) 분양관리신탁: 분양용

80 부동산 신탁에 관한 설명으로 틀린 것은?

① 부동산 신탁에 있어서 당사자는 부동산 소유자인 위탁자와 부동산 신탁사인 수탁자 및 신탁재산의 수익권을 배당받는 수익자로 구성되어 있다. ① 위탁, 수탁, 수익

② 부동산 소유자가 소유권을 신탁회사에 이전하고 신탁회사로부터 수익증권을 교부받아 수익증권을 담보로 금융기관에서 대출을 받는 상품을 토지신탁이라 한다. ② 대출 : 담보신탁

③ 처분신탁은 처분방법이나 절차가 까다로운 부동산에 대한 처분업무 및 처분완료시까지의 관리업무를 신탁회사가 수행하는 것이다. ③ 처분해죠!

④ 관리신탁에 의하는 경우 법률상 부동산 소유권이 이전된 상태로 신탁회사가 부동산의 관리업무를 수행하게 된다. ④ 언제나 소유권 이전!

⑤ 분양관리신탁은 상가등 건축물 분양의 투명성과 안정성을 확보하기 위하여 신탁회사에게 사업부지의 신탁과 분양에 따른 자금관리업무를 부담시키는 것이다. ⑤ 분양업무신탁

── 테마 050 ──
민간유치개발사업 방식

1) 민간이 시설준공 → 정부로 이전 : 운영 · 수익 : BTO	1) 준공 - 이전 - 운영
2) 민간이 시설준공 → 정부로 이전 : 임대료 지급 : BTL	2) 준공 - 이전 - 임대
3) 민간이 시설준공 → 운영 · 수익 → 정부로 이전 : BOT	3) 준공 - 운영 - 이전
4) 민간이 시설준공 → 민간 임대 → 정부로 이전 : BLT	4) 준공 - 임대 - 이전
5) 민간이 시설준공 → 민간 소유권 → 민간운영 : BOO	5) 준공 - 소유 - 운영

81 부동산 개발방식에 대한 다음의 설명 중 틀린 것은?

① 사업주가 시설준공 후 소유권을 취득하여, 일정 기간 동안 운영을 통해 운영수익을 획득하고, 그 기간이 만료되면 공공에게 소유권을 이전하는 방식을 BOT 방식이라고 한다.

① 준공-운영-이전 → BOT

② 사업주가 시설준공 후 소유권을 공공에게 귀속시키고, 그 대가로 받은 시설 운영권으로 그 시설을 공공에게 임대하여 임대료를 획득하는 방식 BLT방식이라고 한다.

② 준공-귀속-임대 → BTL

③ 사업주가 시설준공 후 소유권을 공공에게 귀속시키고, 그 대가로 일정 기간동안 시설운영권을 받아 운영수익을 획득하는 방식을 BTO방식이라고 한다.

③ 준공-귀속-운영 → BTO

④ 사업주가 준공 후 소유권을 취득하여, 그 시설을 운영하는 방식으로, 소유권이 사업주에게 귀속되는 방식을 BOO방식이라고 한다.

④ 준공-소유-운영 → BOO

⑤ 학교, 문화시설 등 시설이용자로부터 사용료를 징수하기 어려운 사회기반시설은 BTL을 주로 활용한다.

⑤ 학교, 문화시설 → BTL

⑥ 민간사업자가 자금을 조달하여 시설을 건설하고 일정기간 동안 타인에게 임대하고, 임대 종료 후 국가 또는 지방자치단체 등에게 시설의 소유권을 이전하는 방식을 BLT라고 한다.

⑥ 건설-임대-이전 → BLT

— 테마 051 —
부동산 관리 : 복합개념과 관리방식

1) 기술적 = 시설 = 협의 : 위생 · 설비 · 보안 · 에너지 (소극)
2) 경제적 = 자산 = 경영 : 포트폴리오, 손익분기점, 투자
3) 법률적 = 재산 : 임대차 계약, 권리관계
4) 자기관리 = 직접 : 기밀유지 유리, 전문성↓, 안일화
5) 위탁관리 = 간접 : 기밀유지 불리, 전문성↑, 타성방지
6) 혼합관리 = 자가 + 위탁 : 과도기적 ‖ 책임소재문제

1) 기술=시설=협의=소극
2) 경제 = 자산 = 수익성
3) 법률 = 재산권 = 계약
4) 자기관리 : 기밀유지↑
5) 위탁관리 : 기밀유지↓
6) 책임소재 불분명

★ 법률적, 경제적, 기술적 관리를 구분하시오

설비, 보안, 에너지	1	토지 경계측량	4	건물과 부지관리	7
부동산 매입, 매각	2	리모델링 의사결정	5	인력관리	8
권리분석, 등기	3	건물 임대차계약	6	포트폴리오 구성	9

82 부동산 관리방식에 대한 다음의 설명 중 틀린 것을 고르면?

① 위탁관리는 관리의 전문성과 효율성을 제고할 수 있다.

② 포트폴리오 관리, 투자의 위험관리는 자산관리의 영역이다.

③ 직접(자치)관리 방식은 업무의 기밀유지에는 유리하나, 업무행위의 안일화를 초래할 수 있는 단점이 있다.

④ 경제적 측면의 부동산 관리는 대상 부동산의 물리적 · 기능적 하자의 유무를 판단하여 필요한 조치를 취하는 것이다.

⑤ 시설관리(facility management)는 부동산 시설을 운영하고 유지하는 것으로 시설사용자나 기업의 요구에 따라는 소극적 관리에 해당한다.

⑥ 혼합관리방식은 필요한 부분만 선별하여 위탁하기 때문에 관리의 책임소재가 불분명해지는 단점이 있다.

① 위탁 – 전문성

② 포트폴리오 – 자산

③ 기밀유리, 안일화 → 자가관리

④ 하자 = 물리(기술)

⑤ 시설 = 소극적

⑥ 책임소재 불분명

── 테마 052 ──
부동산 마케팅

1. 시장점유마케팅

① 공급자 관점, 표적시장 선정, 틈새시장 점유   ① 공급자, 시장, 시장
② STP, 4P Mix   ② 시장에서 스톱, 4P야!
③ S : Segmentation : 세분화 – 수요자를 분(分)   ③ 구분, 분할, 나눔
④ T : Targeting : 목표, 표적 – 표적시장 선정   ④ 타겟팅
⑤ P : Positioning : 위치화 – 이미지 각인   ⑤ 자리잡게 하는 활동
⑥ 4P : Product(제품) : 설계, 설비, 설치등   ⑥ 설, 설, 설
⑦ 4P : Price(가격) : 시가 – 유사 ‖ 신축 – 다르게   ⑦ 유사 or 다르게
⑧ 4P : Place(유통경로) : 중개업소, 대행사   ⑧ 업소, 대행사
⑨ 4P : Promotion(판매촉진) : 경품, 인적판매   ⑨ 판매유인, 광고, 홍보

2. 고객점유마케팅

① 수요자 관점, 구매의사결정과정, 구매심리   ① 심리, 의사, 고객
② AIDA : Attention – Interest – Desire – Action   ② 고객은 아이다
③ 주의 – 관심 – 욕망 – 행동 단계를 연구   ③ 영어 외우셔요!

3. 관계마케팅

① 장기적, 지속적 관계   ① 장기, 지속적 관계
② CRM – 고객관계관리 (1:1 마케팅)   ② 씨알이 맥히는 관계~

4. 기타 마케팅 기법

① 고객의 욕망을 만족시켜주는 제품의 핵심특징   ① 판매소구점
② 실용적, 장식적인 물건을 활용하는 광고기법   ② 노벨티(novelty)
③ SNS, 블로그를 통한 광고   ③ 바이럴(viral) 마케팅

83　부동산 마케팅에 대한 설명으로 틀린 것은?

① 시장세분화 전략이란 수요자 집단을 인구·경제적 특성에 따라 구분하는 전략을 의미한다.

　① 수 - 분 : 세분

② 마케팅믹스에서 촉진관리는 판매유인과 직접적인 인적판매 등이 있다.

　② 촉진=promotion

③ 분양 성공을 위해 아파트 브랜드를 고급스러운 이미지로 고객의 인식에 각인시키도록 하는 노력은 STP전략 중 포지셔닝(positioning)전략에 해당한다.

　③ 인식에 각인
　　→ 포지셔닝

④ STP란 고객집단을 세분화(Segmentation)하고 표적시장을 선정(Targeting)하여 판매촉진(Promotion)을 하는 전략이다.

　④ ST-포지셔닝

⑤ AIDA는 주의(attention), 관심(interesting), 욕망(desire), 행동(action)의 단계가 있다.

　⑤ AIDA

84　부동산 마케팅에 대한 설명으로 옳은 것은?

① 시장점유전략은 공급자 측면의 접근으로 목표시장을 선점하거나 점유율을 높이는 것을 말한다.

　① 공급자 관점

② 관계마케팅은 소비자의 구매의사결정 과정의 각 단계에서 소비자와의 심리적인 접점을 마련하고 전달하려는 정보의 취지와 강약을 조절하는 것을 말한다.

　② 의사, 심리
　　→ 고객점유

③ 아파트의 차별화를 위해 커뮤니티 시설에 헬스장, 골프연습장을 설치하는 방안은 경로(Place)전략에 해당한다.

　③ 시설 : 제품

④ 시장 세분화(segmentation)전략이란 표적시장의 반응을 빠르고 강하게 자극·유인하는 전략을 말한다.

　④ 자극, 유인
　　→ 판매촉진

⑤ 마케팅믹스의 가격관리에서 시가정책은 위치, 방위, 층, 지역 등에 따라 다른 가격으로 판매하는 정책이다.

　⑤ 다른 가격
　　→ 신축가격전략

— 테마 053 —
지역분석과 개별분석

1) 지역분석 : 표준적 이용, 가격수준 판단	1) 지역 : 표준, 수준
2) 대상지역 : 인근지역, 유사지역, 동일수급권	2) 지역 : 인, 유, 동
3) 인근지역 : 대상이 속한, 지역요인 공유	3) 인근 : 속한, 지역요인
4) 유사지역 : 대상이 속하지 않은, 인근지역과 유사	4) 유사 : 속하지X
5) 동일수급권 : 대상 부동산과 대체 · 경쟁관계	5) 인근 + 유사 포함
6) 개별분석 : 최유효이용, 구체적 가격	6) 개별 : 최유효, 구체적
7) 지역분석 선행 vs 개별분석 후행	7) 지역분석 먼저
8) 지역분석 : 거시적 vs 개별분석 : 미시적	8) 거지개미
9) 지역분석 : 적합의 원칙, 경제적 감가	9) 지역 : ㅈ원칙, ㅈ감가
10) 개별분석 : 균형의 원칙, 기능적 감가	10) 개별 : ㄱ원칙, ㄱ감가

85 지역분석과 개별분석에 대한 설명으로 틀린 것은?

① 대상부동산의 최유효이용을 판정하기 위해 개별분석이 필요하다.	① 최유효 : 개별
② 동일수급권이란 대상부동산과 대체 · 경쟁 관계가 성립하고 가치 형성에 서로 영향을 미치는 관계에 있는 다른 부동산이 존재하는 권역을 말하며, 인근지역과 유사지역을 포함한다.	② 인근, 유사 포함
③ 개별분석은 대상부동산에 대한 미시적 · 국지적 분석인데 비하여, 지역분석은 대상지역에 대한 거시적 · 광역적 분석이다.	③ 개별 : 미시 지역 : 거시
④ 지역분석은 개별분석의 선행분석으로, 해당 지역 내 부동산의 표준적 이용과 구체적 가격을 파악하는 것이 목적이다.	④ 지역 : 선행 → 표준, 수준
⑤ 지역분석은 적합의 원칙과 관련이 있고, 개별분석은 균형의 원칙과 관련이 있다.	⑤ ㅈㅈ, ㄱㄱ

테마 054
가격제원칙

1) 변동의 원칙 : 가격은 끊임없이 변동 : 시점중시
2) 예측의 원칙 : 가격은 장래 예측의 영향
   예측의 원칙 : 수익환원법, 가치의 정의, 영속성
3) 경쟁의 원칙 : 경쟁으로 인해 초과이윤 소멸
4) 대체의 원칙 : 대체성이 있는 재화의 가격 연관성
   대체의 원칙 : A-B의 비교 : 거래사례비교법
5) 적합의 원칙 : 외부, 지역, 환경, 시장과의 조화
   적합의 원칙 : 지역분석 및 경제적 감가와 관련
6) 균형의 원칙 : 내부, 구성요소 (설계 · 설비 · 디자인)
   균형의 원칙 : 개별분석 및 기능적 감가와 관련

1) 변동: 시점
2) 예측: 예수가치,영속적

3) 경쟁: 초과이윤 소멸
4) 대체: 거래사례비교법

5) 적합: 환 · 지 · 시 적합

6) 균형 : 구성요소
   → 설계, 설비, 디자인

86 부동산 가격 제원칙과 관련된 다음 설명 중 틀린 것은?

① 대체의 원칙은 유사 부동산과의 가격 연관성을 다루는
   원칙으로 감정평가 기법중 거래사례비교법과 관련이 있다.

② 적합의 원칙이란 유용성이 최고로 발휘되기 위해서는 부동
   산 구성요소의 결합이 중요하다는 원칙이다.

③ 점포의 입지선정을 위해 지역분석을 통해 표준적 이용을
   판단하는 것은 적합의 원칙과 밀접한 관련이 있다.

④ 균형의 원칙이란 부동산의 가격이 최고조가 되려면 투입되
   는 생산요소간의 조화가 중요하다는 원칙이다.

⑤ 예측의 원칙에 따라 부동산은 장래의 활용 및 수익가능성
   이 중시되므로 이는 수익환원법의 토대가 될 수 있다.

① 거래사례비교법
   → 대체의 원칙

② 구성요소 : 균형

③ 지역 : 적합

④ 생산요소 : 균형

⑤ 예측: 수익환원법

— 테마 055 —
감정평가의 3면성과 3방식

3면성	3방식	평가조건	방법	시산가액 · 임료
비용성	원가방식	가액	원가법	적산가액
		임료	적산법	적산임료
시장성	비교방식	가액	거래사례비교법	비준가액
		임료	임대사례비교법	비준임료
수익성	수익방식	가액	수익환원법	수익가액
		임료	수익분석법	수익임료

→ 비교방식에는 토지를 평가하는 공시지가기준법도 포함됨

87 감정평가방식에 대한 다음 설명 중 옳은 것은?

① 원가방식이란 원가법 및 적산법 등 시장성의 원리에 기초한 감정평가방식을 의미한다.

　① 원가방식 : 비용성

② 거래사례비교법은 비용성에 근거하는 평가방식으로서 가격을 구할 때는 거래사례비교법을 활용한다.

　② 시장성

③ 3방식에 의해 산정한 적산가액, 비준가액, 수익가액을 최종평가액이라고 한다.

　③ 적비수 : 시산가액

④ 비교방식에는 거래사례기준법, 임대사례비교법등 시장성의 원리에 기초한 감정평가방식 및 공시지가비교법이 있다.

　④ 거래사례비교법 공시지가기준법

⑤ 수익방식은 수익성을 근거로 가액을 산정하는 수익환원법과 임대료를 산정하는 수익분석법이 있다.

　⑤ 가액: 수익환원법 임료: 수익분석법

—— 테마 056 ——
원가방식 : 원가법

1) 원가법 : 재조달원가에 감가수정하여 가액산정	1) 원가법 : 재조,수정,가액
2) 적산가액 = 재조달원가 - 감가누적액 (감가수정)	2) 적산가 = 재조 - 수정
3) 재조달원가 : 도급건설 기준, 개발업자 이윤포함	3) 도급기준, 이윤포함
4) 감가수정 : 물리적, 기능적, 경제적 감가를 공제함	4) 수정 : 공제
5) 감가수정방법 : 내용연수법, 관찰감가법, 분해법	5) 수정 : 내 관· 분해!
6) (경제적) 내용연수법 : 정액법, 정률법, 상환기금법	6) 액법, 률법, 기금법
7) 정액법 : 감가액 일정, 직선법, 경과연수 정비례	7) 액일정, 직선법, 정비례
8) 정률법 : 감가율 일정, 감가액 감소, 초기감가 큼	8) 율일정, 액감소, 초기↑
9) 상환기금법 : 복리이자를 고려하는 감가계산법	9) 복리이자 : 상환기금법

88 원가법의 감가수정과 관련된 설명으로 옳은 것은?

① 감가수정시의 내용연수는 일반적으로 물리적 내용연수를 기준으로 한다.

② 감가수정방법에는 내용연수법, 관찰감가법, 분해법 등이 있다.

③ 정률법이란 내용연수가 만료될 때 감가누계상당액과 그에 대한 복리계산의 이자상당액분을 포함하여 당해 내용연수로 상환하는 방법이다.

④ 정률법에서는 감가누계액이 경과연수에 정비례하여 증가한다.

⑤ 정률법은 매년 일정한 감가율을 곱하여 감가액을 구하는 방법으로 매년 감가액이 일정하다.

① 경제적 내용연수

② 수정 : 내 · 관 · 분해

③ 복리이자 :
→ 상환기금법

④ 정비례 : 정액법

⑤ 정률 : 률 일정
액 감소, 초기↑

89 원가법에 의한 대상 부동산의 적산가액은?

• 사용승인일 신축공사비 : 6천만원 (신축공사비는 적정함)		6000만 ×1.05
• 사용승인일 : 2022. 9. 1.	= 재조달원가	×1.05
• 기준시점 : 2024. 9. 1.		= 6615만
• 건축비상승률 : 매년 전년대비 5% 상승		
• 경제적 내용연수 : 50년	× 존	0.9
• 감가수정방법 : **정액법**	× 나	× 2
• 내용연수 만료시 잔가율 : 10%	× 조	× 6615만
	÷ 경제	÷ 50
	− 재조	− 6615만
	= 적산가액	= 6376.86만

90 원가법에 의한 대상 부동산의 적산가액은?

▪ 신축공사비: 8,000만원		8000만
▪ 준공시점: 2022년 9월 30일		×1.05
▪ 기준시점: 2024년 9월 30일		×1.05
▪ 공사비 상승률: 매년 전년대비 5% 상승	= 재조달원가	= 8820만
▪ 전년 대비 잔가율: 80%	× 잔가율	× 0.8
▪ 신축공사비는 준공당시 재조달원가로 적정하며, 공장건물이 설비에 가까운 점 을 고려하여 **정률법**을 적용	× 잔가율 = 적산가액	× 0.8 = 5644.8만원

─ 테마 057 ─
비교방식 : 거래사례비교법

1) 거래사례비교법 : 거래사례, 보정, 수정, 비교, 가액	1) 거사비 = 사례, 보수비
2) 비준가액 = 사례가액 × 보정치 × 수정치 × 비교치	2) 비준가 = 사례 ×보수비

91 거래사례비교법에 의한 비준가액은?

- 대상토지: A시 B동 150번지, 토지 130m², 제3종 일반주거지역
- 기준시점: 2024년. 9. 1.
- 거래사례의 내역 – 소재지 및 면적: A시 B동 123번지 토지 100m²
  용도지역: 제3종 일반주거지역
  거래사례가격: 3억원
  거래시점: 2024. 3. 1 (거래사례의 사정보정 요인은 없음)
- 지가변동률 (2024. 3. 1. ~ 9. 1.)
  A시 공업지역 4% 상승, A시 주거지역 5% 상승
- 지역요인 : 대상토지는 거래사례의 인근지역에 위치함
- 개별요인 : 대상토지는 거래사례에 비해 3% 열세하고 획지조건은 5% 우세하며 기타 요인은 일정함
- 상승식으로 계산할 것

거래사례가격	3억원
면적보정치	× 1.3
지가변동률	× 1.05
개별요인1	× 0.97
개별요인2	× 1.05
= 비준가액	= 4.1707575억

테마 058
비교방식 : 공시지가기준법

1) 비교방식으로 토지가액을 산정

2) 공시지가기준법 : 표준지 기준, 시점, 지역, 개별, 기타

3) 비교표준지 : 인근지역 ‖ 동일수급권 이내원칙

4) 시점수정 : 표준지가 속한 지역의 지가변동률 적용
   → 한국은행이 발표하는 생산자 물가상승률 참조

5) 적정한 실거래가를 기준으로 평가가능

6) 적정한 실거래가 : 도시지역 3년내, 그 밖의 지역 5년내

1) 비교방식으로 땅 값

2) 비준가액 = 비시지개

3) 인근지역 원칙

4) 한국은행의 생물

5) 거래사례비교법

6) 도시 3, 그밖 5

92　공시지가기준법에 대한 설명으로 틀린 것은?

① 공시지가기준법은 표준지공시지가를 기준으로 대상 토지에 맞게 시점수정, 지역요인 및 개별요인 비교, 그 밖의 요인의 보정을 거쳐 대상 토지의 가액을 산정하는 방법이다.

① 공지기: 비시지개

② 시점수정시에는 비교표준지가 있는 시·군·구의 같은 용도지역의 지가변동률을 적용한다.

② 표준지 지가변동률

③ 공시지가기준법 적용에 따른 시점수정시 지가변동률을 적용하는 것이 적절하지 아니하면 한국은행이 조사·발표하는 생산자물가상승률을 적용한다.

③ 한국은행 : 생물

④ 적정한 실거래가가 있는 경우 이를 기준으로 토지를 감정평가할 수 있다.

④ 실거래가 기준O

⑤ 적정한 실거래가란 신고된 가격으로 도시지역은 5년 이내, 그 밖의 지역은 3년 이내의 거래가격을 의미한다.

⑤ 도시 3 , 그 밖5

93 공시지가기준법으로 산정한 대상 토지의 가액은? (주어진 조건에 한함)

- 대상토지 : A시 B구 C동 175번지, 일반상업지역, 상업나지
- 기준시점 : 2024.04.24.
- 비교표준지 : 2024년 1월 1일 기준가격
  - ㉠ C동 183번지, 일반상업지역, 상업용 : 공시지가: 6,000,000원/m²
  - ㉡ C동 134번지, 일반상업지역, 공업용 : 공시지가: 4,000,000원/m²
  - ㉢ C동 154번지, 일반공업지역, 상업용 : 공시지가: 5,000,000원/m²
- 지가변동률 (2024. 1. 1. ~ 2024. 4. 24)
  : 상업지역은 2% 상승하고, 공업지역은 3% 상승함
- 지역요인: 비교표준지는 인근지역에 위치
- 개별요인: 대상토지는 비교표준지 ㉠에 비해 가로조건에서 5% 우세하고 환경조건에서 10% 열세이고 ㉢에 비해 접근조건에서 20% 우세하다.
- 그 밖의 요인보정 : 대상토지 인근지역의 가치형성요인이 유사한 정상적인 거래사례 및 평가사례 등을 고려하여 그 밖의 요인으로 20% 증액 보정함

---

1) 표준지 공시지가	600만원
2) 지가변동률	× 1.02
3) 가로조건	× 1.05
4) 환경조건	× 0.9
5) 그 밖의 요인 : 20% 증액 보정	× 1.2
6) 비준가액 =	694.008만

— 테마 059 —
수익방식 : 수익환원법

1) 수익환원법 : 순수익, 현금흐름, 환원, 할인하여 가액	1) 순수익,현금흐름,환원,할인
2) 수익가액 = 순영업소득 ÷ 환원이율	2) 수익가액 = 순÷환
3) 환원이율 : 수익률 [요구수익률] 개념	3) 환원이율 : 요구수익률
4) 환원이율 : 투자의 기회비용, 위험이 포함	4) 기회비용, 위험포함
5) 위험↑ : 환원이율 ↑ : 수익가액(가치)↓	5) 위험↑환원이율↑가치↓
6) 시장추출법, 조성법, 투자결합법, 엘우드법, 부채감당법	6) 시조투엘부
7) 물리적 투자결합법 : 토지, 건물을 비중에 맞게 가중평균	7) 물리적 : 토토 + 건건
8) 부채감당법 : 저당상수 × 부채감당률 × 대부비율	8) 부채감당법: 저부대

94　수익환원법으로 산정한 수익가액은?

▪ 가능총소득(PGI): 1억원	가능총소득	1억원
▪ 공실손실상당액 및 대손충당금: 가능총소득의 5%	× 공실고려	×0.95
	유효총소득	= 9500만
▪ 재산세: 300만원	−재산세	− 300만
▪ 화재보험료: 200만원	−보험료	− 200만
▪ 영업소득세: 400만원	순영업소득	= 9000만
▪ 건물주 개인업무비: 500만원	토토+건건	40×5+×60×10
▪ 토지가액 : 건물가액 = 40% : 60%	환원이율	800 ÷ 100 = 8%
▪ 토지환원이율: 5 %	수익가액	= 9000만÷8%
▪ 건물환원이율: 10 %		= 11억 2500만

— 테마 060 —
감정평가에 관한 규칙1

1. 용어

① 시장가치 : 통상적, 충분한, 정통한, 자발적 가치	① 시장가치 : 통충정자
② 기준가치 : 감정평가의 기준이 되는 가치	② 시장가치 원칙
③ 가치형성요인 : 경제적 가치 – 일반, 지역, 개별	③ 경제적, 일지개

2. 3방식 관련

① 원가법 : 적산가액 : 재조달, 감가수정 , 가액	① 재조, 수정, 가액
② 적산법 : 적산임료 : 기초 × 기대 + 필요제경비	② 적산법 : 기기필 / 료
③ 거래사례비교법 : 비준가액 : 거래사례를 선택 사정보정, 시점수정, 가치형성요인 비교 – 가액	③ 거사비 : 거래 – 보수비
④ 임대사례비교법 : 비준임료 : 임대사례를 선택 사정보정, 시점수정, 가치형성요인 비교 – 임료	④ 임사비 : 임대 – 보수비
⑤ 공시지가기준법 : 비준가액 : 비교표준지를 선택 시점수정, 지역요인, 개별요인, 기타 – 가액	⑤ 공지기 : 비시지개
⑥ 수익환원법 : 수익가액 : 순수익, 현금흐름을 환원하거나 할인하여 가액을 산정	⑥ 환원법 : 순수익,현금흐름 환원 및 할인
⑦ 수익분석법 : 수익임료 : 순수익 + 필요제경비	⑦ 분석법 : 순수익+경비

3. 시장가치, 현황평가, 개별평가 원칙

① 시장가치 기준 : 시장가치외 가치를 기준으로 O	① 시장가치 기준
② 현황평가 기준 : 가정, 한정하는 조건부평가 O	② 공법상 제한을 받는
③ 개별평가 원칙 : 물건마다 개별	③ 물건마다 개별
④ 둘 이상 물건이 일체거래 : 일괄평가	④ 일체 : 일괄
⑤ 하나의 물건이라도 가치를 달리 : 구분평가	⑤ 달리 : 구분
⑥ 일체로 이용되고 있는 물건의 일부분 : 부분평가	⑥ 일부분 : 부분

4. 물건별 평가원칙

① 토지 : 공시지가기준법 원칙 ‖ 적정 실거래가○
② 건물 : 원가법
③ 입목 : 거래사례비교법
④ 원가법 : 건물, 기계, 선박, 항공기
⑤ 거래사례비교법 : 동산 과수원, 자동차, 일괄적 입목, 상장주식, 상장채권
⑥ 수익환원법 : 광업재단, 무형자산 (○○권)

① 원가법
　건물, 기계, 배, 비행기
② 거사비
　맛동산, 과자, 일괄, 입목에서 사례걸림 / 상장
③ 수익환원법
　권리, 재단, 가치

5. 기타

① 기준시점 : 가격조사완료일을 기준
② 대상물건확인 : 실지조사 원칙
③ 원가방식 : 원가법, 적산법 – 비용성에 근거
④ 비교방식 : 거사비, 임사비 – 시장성에 근거
⑤ 수익방식 : 환원법, 분석법 – 수익성에 근거
⑥ 시산가액 : 시산가액 조정 : 가중치를 두어 결정

① 기준시점 : 가조완
② 생략가능함
③ 원가방식 : 비용성
④ 비교방식 : 시장성
⑤ 수익방식 : 수익성
⑥ 산술평균 아님

95 감정평가에 관한 규칙에 대한 설명으로 옳은 것은?

① 기준시점이란 대상물건의 감정평가액을 결정하는 기준이 되는 날짜로, 가격조사를 개시한 날짜로 하는 것이 원칙이다.

② 하나의 대상물건이라도 가치를 달리하는 부분은 이를 일괄하여 감정평가하는 것이 원칙이다.

③ 감정평가법인등은 대상물건의 특성에 비추어 사회통념상 필요하다고 인정되는 경우에는 대상물건의 감정평가액을 시장가치 외의 가치를 기준으로 결정할 수 있다.

④ 임대료를 평가할 때는 수익분석법을 쓰는 것이 원칙이다.

⑤ 자동차를 감정평가할 때에 원가법을 적용하여야 하나, 본래 용도의 효용가치가 없는 물건은 해체처분가액으로 평가한다.

① 가조완(조사완료)
② 달리 : 구분평가
③ 시장가치외○
④ 임대사례비교법
⑤ 거래사례비교법

96 감정평가에 관한 규칙에 대한 설명으로 옳은 것은?

① 통상적인 시장에서 충분한 기간 동안 거래를 위해 공개된 후 정통한 당사자 사이에 신중하고 자발적 거래가 있을 경우 성립될 가능성이 높다고 인정되는 가액을 정상가치라고 한다.

② 인근지역이란 감정평가의 대상이 된 부동산이 속한 지역으로서 부동산의 이용이 동질적이고 가치형성요인 중 개별요인을 공유하는 지역을 말한다.

③ 동일수급권이란 대상부동산과 대체·경쟁 관계가 성립하고 가치형성에 서로 영향을 미치는 관계에 있는 다른 부동산이 존재하는 권역을 말하며, 인근지역과 유사지역을 제외한다.

④ 가치형성요인은 시장가치에 영향을 미치는 일반요인, 지역요인 및 개별요인 등을 말한다.

⑤ 유사지역이란 대상부동산이 속하지 아니하는 지역으로서 인근지역과 유사한 특성을 갖는 지역을 말한다.

① 통충정자 시장가치

② 인근 : 지역요인

③ 동일수급권 :
　인근, 유사 포함

④ 경제적, 일지개

⑤ 속하지×,인교유사

97 감정평가에 관한 규칙에 대한 설명으로 옳은 것은?

① 적산법은 기초가액에 기대이율을 곱하여 기대수익을 산정한 후 필요제경비를 합산하여 적산임료를 산정하는 방법이다.

② 거래사례비교법이란 대상물건과 같거나 비슷한 거래사례와 비교하여 대상물건에 맞게 사정보정, 시점수정, 가치형성요인 비교 등의 과정을 거쳐 임대료를 산정하는 방법이다.

③ 수익분석법이란 대상물건이 장래 산출할 것으로 기대되는 순수익이나 미래의 현금흐름을 환원하거나 할인하여 대상물건의 가액을 산정하는 감정평가방법을 말한다.

④ 공시지가기준법은 수익방식에 근거한 평가방법이다.

⑤ 원가법이란 대상물건의 재조달원가에 감가수정을 하여 대상물건의 임대료를 산정하는 감정평가방법을 말한다.

① 적산법 : 기기필
　필요경비를 더함

② 거사비 : 거래사례
　보정, 수정, 비교,
　가액

③ 수익환원법
　순수익, 현금흐름,
　환원, 할인, 가액

④ 공지기 : 비교방식

⑤ 원가법
　재조, 수정, 가액

98 물건별 평가방법 중 거래사례비교법을 활용하는 것을 모두 고르면?

(ㄱ) 건물

(ㄴ) 광업재단

(ㄷ) 동산

(ㄹ) 어업권

(ㅁ) 항공기

(ㅂ) 과수원

(ㅅ) 산지와 입목을 일괄하여 평가

(ㅇ) 소경목림

(ㅈ) 입목

(ㅊ) 상장주식 및 채권

테마 061
부동산 가격공시제도

1. 가격공시구분 (적정가격 공시)

① 토지 : 표준지공시지가, 개별공시지가　　　① 토지 : 표준, 개별
② 주택 : 단독주택, 공동주택　　　　　　　　② 주택 : 단독, 공동
③ 단독주택 : 표준단독주택, 개별단독주택　　③ 단독 : 표준, 개별
④ 공동주택 : 구분하지 않고 일괄공시　　　　④ 공동 : 구분하지 않음

2. 표준지 공시지가

① 국토부장관 ‖ 중앙부동산가격공시위원회 심의　① 표준, 국장, 중앙
② 둘 이상의 감정평가법인등에 의뢰 [반드시X]　　② 지 – 인
③ 공시일로부터 30일이내 국토부장관에 이의신청　③ 국장에 이의신청
④ 토지가격산정기준, 지가정보제공　　　　　　　④ 지가산정기준
⑤ 개별공시지가 산정의 기준　　　　　　　　　　⑤ 지 – 지 기준
⑥ 토지수용, 환지 ‖ 국유지의 취득 · 처분등　　　⑥ 수용, 환지등
⑦ 지번, 가격, 면적, 형상 ‖ 주변토지, 도로상황등　⑦ 주변토지, 도로

3. 개별공시지가

① 시장군수구청장 ‖ 개발부담금, 과세표준　　　① 시군구 ‖ 개발부담금
② 생략 : 표준지 선정, 세금 및 부담금 부과대상×　② 표준지, 세금, 부담금
③ 공시일로부터 30일이내 시군구청장에게 이의신청　③ 시군구청장에게 이의
④ 표준지를 기준으로 토지가격비준표를 활용　　　④ 토지가격비준표를 활용
⑤ 국세, 지방세, 국유지 사용료, 개발부담금 기준　⑤ 개세, 개사료, 개부담

4. 표준주택

① 국장 ‖ 단독 ‖ 표준주택 ‖ 중앙~위원회　　　① 국‖단‖표‖중
② 한국부동산원에 의뢰　　　　　　　　　　　② 한국부동산원
③ 공시일로부터 30일이내 국토부장관에 이의신청　③ 30일이내 국장에게
④ 개별주택가격의 기준　　　　　　　　　　　④ 주택 – 주택기준
⑤ 사용승인일, 용도, 연면적, 구조등　　　　　⑤ 사용연구

5. 개별주택

① 시장군수구청장 ‖ 시군구 위원회	① 개‖시‖시
② 표준주택 선정된 주택은 생략가능	② 생략가능
③ 공시일로부터 30일이내 시군구청장에게 이의신청	③ 시군구청장 이의신청
④ 표준주택 가격을 기준으로 주택가격비준표 활용	④ 주택가격비준표 활용

6. 공동주택

① 국토교통부장관 ‖ 중앙부동산가격공시위원회	① 국장, 중앙
② 한국부동산원에 의뢰	② 주 - 원
③ 개별주택, 공동주택가격 : 주택과세표준	③ 개별, 공동 과세표준

99 부동산 가격공시제도와 관련된 설명으로 옳은 것은?

① 국토교통부장관은 표준지공시지가를 조사산정하고자 할 때에는 한국부동산원에 의뢰한다.

② 표준지 공시지가는 국가지방자치단체 등이 그 업무와 관련하여 개별주택가격을 산정하는 경우에 그 기준이 된다.

③ 국토교통부장관은 공시기준일 이후에 분할·합병 등이 발생한 토지에 대하여는 대통령령으로 정하는 날을 기준으로 하여 개별공시지가를 결정·공시하여야 한다.

④ 국토교통부장관은 공동주택 중에서 선정한 표준주택에 대하여 매년 공시기준일 현재 적정가격을 조사·산정하고, 중앙 부동산가격공시위원회의 심의를 거쳐 이를 공시하여야 한다.

⑤ 시장·군수·구청장이 개별주택가격을 결정·공시하는 경우에는 해당 주택과 유사한 이용가치를 지닌다고 인정되는 표준주택가격을 기준으로 주택가격비준표를 사용하여 가격을 산정한다.

① 표준지 : "인"

② 표준주택
　개별주택 맞추기

③ 시장군수구청장

④ 국·단·표·중
　단독주택 중
　표준주택 선정

⑤ 주택가격비준표
　활용

100　부동산 가격공시제도와 관련된 설명으로 틀린 것은?

① 표준지로 선정된 토지에 대하여 개별공시지가를 결정·공시하지 아니할 수 있다.

　　　　① 생략가능

② 개별공시지가에 이의가 있는 자는 그 결정·공시일부터 30일 이내에 서면으로 시장·군수 또는 구청장에게 이의를 신청할 수 있다.

　　　　② 개별,30,시군구

③ 농지보전부담금 및 개발부담금의 부과대상이 아닌 토지는 개별공시지가를 결정·공시하지 아니할 수 있다.

　　　　③ 부담금 부과대상X
　　　　　개별공시 생략가능

④ 표준주택가격 및 공동주택가격은 주택시장의 가격정보를 제공하고, 국가지방자치단체 등이 과세 등의 업무와 관련하여 주택의 가격을 산정하는 경우에 그 기준으로 활용될 수 있다.

　　　　④ 개별, 공동 과세

⑤ 표준지의 도로상황은 표준지공시지가의 공시사항에 포함될 항목이다.

　　　　⑤ 도로포함

정답

테마1

1. ③
(1) 하지 않는다
(2) 한다
(3) 하지 않는다

테마2

2. ④
(1) × [양면성]

테마3

3. ④

테마4

(1) 낮게
(2) 일단지
(3) 체비지

4. ⑤
(1) 포락지
(2) 소지
(3) 획지
(4) 이행지
(5) 빈지

테마5

5. ③

테마6

1) 부동성
2) 개별성
3) 영속성
4) 영속성
5) 부동성
6) 부증성
7) 개별성
8) 부증성
9) 개별성
10) 부증성
11) 영속성
12) 부동성
13) 영속성
14) 부증성
15) 개별성
16) 부동성
17) 부동성
18) 부증성
19) 부증성
20) 개별성
21) 부동성
22) 부증성

6. ④

테마7

7. ⑤
(1) 공급함수
(2) 수평

테마8

8. ①
(1) 4개

테마9

9. ⑤
(1) 2개

테마10

10. ⑤
11. ③
12. 가격 30 상승
양 60 증가
기울기 1증가

테마11

13. ⑤
(1) 크다
(2) 작다

14. ③
(1) ○
15. 2, 1.6, 대체재
16. 10% 증가
17. 3.5% 증가

테마12

18. ⑤
(1) ○

테마13

19. ④

테마14

20. ③
21. ⑤

테마15

22. ②
23. ④
(1) ○
(2) ○

테마16

24. ④
25. ③

테마17

26. ④

테마18

27. ③

테마19

28. ②
29. ③
30. ③
31. 6km
32. 25%, 10억원

테마20
33. ②

테마21
34. ②

테마22
35. ⑤
36. ①

테마23
37. ③
38. ①

테마24
39. ④

테마25
40. 미실시 4개
   (4) , (6)
   (7) , (12)
41. ⑥ , ⑦

테마26
42. ⑤

테마27
43. ④
44. (ㄱ) 11%
   (ㄴ) 7.5%

테마28
45. ①
(1) 작아진다.
(2) 작은
(3) 금융적

테마29
46. ⑦, ⑧

테마30
47. ①
(1) 민감도
(2) ○

테마31
48. ⑤
49. ⑤

테마32
50. ②, ③, ⑥
51. ⑤

테마33
52. ④

테마34
53. ③
54. ④
55. 문제참조

테마35
56. ②
57. ③

테마36
58. ②
   1 지분
   2 부채
   3 지분
   4 부채
   5 메자닌
   6 지분
   7 지분
   8 지분
   9 부채
   10 메자닌

테마37
59. ④
60. 1억 5000만
61. 1억 5000만

테마38
62. ③

테마39
63. ②
64. ④
65. 문제참고
66. 문제참고

테마40
67. ⑤

테마41
68. ⑤
(1) ×
(2) ○

69. ②
(1) 나중에
(2) 담보, 질권

테마42
70. ④
71. ⑤
(1) ○
(2) ○
(3) ×

테마43
72. ②

테마44
73. ③
74. ②

테마45

75. ①
76. ①
(1) 긍정적
(2) 부정적
(3) 부정적
(4) 긍정적

테마46

77. ④

테마47

78. ④

테마48

79. ⑤

테마49

80. ②

테마50

81. ②

테마51

1 기술
2 경제(자산)
3 법률
4 기술
5 경제
6 법률
7 기술
8 경제(자산)
9 경제(자산)
82. ④

테마52

83. ④
84. ①

테마53

85. ④

테마54

86. ②

테마55

87. ⑤

테마56

88. ②
89. 6376.86만원
90. 5644.8만원

테마57

91. 4.1707575억

테마58

92. ⑤
93. 694.008만원

테마59

94. 11억 2500만원

테마60

95. ③
96. ⑤
97. ①
98. 5개

테마61

99. ⑤
100. ④

100선 문제모음

1회독 복습문제

본문의 문제 100개를 하나로 모아
다시 한 번 복습할 수 있도록 하였습니다.

1. 표준산업분류상 부동산업에 대한 설명으로 틀리게 설명된 것은?

① 표준산업분류상 부동산업은 부동산 임대 및 공급업, 관련 서비스업으로 분류된다.
② 부동산 관련 서비스업은 부동산 관리업, 중개업, 자문 및 평가업으로 구분된다.
③ 부동산 관리업은 부동산 임대 및 공급업에 포함된다.
④ 부동산 관련 서비스업 중 부동산 관리업은 주거용 부동산 관리업과 비주거용 부동산 관리업으로 분류된다.
⑤ 부동산 투자 자문업과 부동산 중개 및 대리업은 표준산업분류상 부동산 관련 서비스업에 포함된다.

2. 부동산의 복합개념에 대한 설명으로 옳은 것은?

① 복합부동산이란 부동산을 법률적, 경제적, 기술적 측면 등의 복합된 개념으로 이해하는 것을 말한다.
② 민법상 부동산에는 토지 및 정착물외에 준부동산이 포함된다.
③ 경제적 개념의 부동산은 생산요소, 자산, 공간, 자연등을 의미한다.
④ 넓은 의미의 부동산에는 좁은 의미의 부동산에 의제부동산이 포함된다.
⑤ 준(準)부동산은 부동산과 유사한 공시방법을 갖춤으로써 좁은 의미의 부동산에 포함된다.

3. 부동산의 법률적 개념에 대한 설명으로 틀린 것은?

① 토지의 정착물은 토지의 일부로 간주되는 것과 토지와는 서로 다른 부동산으로 간주되는 것으로 구분된다.
② 구거(溝渠)는 토지의 일부로 간주되는 정착물이다.
③ 소유권 보존 등기된 입목(立木)과 명인방법에 의한 수목은 독립정착물로 간주된다.
④ 경작 수확물은 정착물로 간주된다.
⑤ 공장재단은 준(準)부동산으로서 넓은 의미의 부동산에 포함되며, 복합개념 중 법률적 개념의 부동산에 해당한다.

4. 토지의 분류에 대한 설명으로 옳은 것은?

① 택지는 도로에 직접 연결되지 않은 토지이다.

② 건폐율·용적률의 제한으로 건물을 짓지 않고 남겨둔 토지를 나지라고 한다.

③ 공지는 지력회복을 위해 정상적으로 쉬게 하는 토지를 말한다.

④ 이행지는 택지지역·농지지역·임지지역 상호간에 다른 지역으로 전환되고 있는 일단의 토지를 말한다.

⑤ 필지는 공간정보의 구축 및 관리등에 관한 법령과 부동산 등기법령에서 정한 하나의 등록단위로 표시하는 토지이다.

5. 주택의 분류와 관련된 설명으로 옳은 것은?

① 다세대주택은 주택으로 쓰는 1개 동의 바닥면적 합계가 330m² 이하이고, 층수가 5개 층 이하인 주택이다.

② 연립주택은 주택으로 쓰는 1개 동의 바닥면적 합계가 660m² 이하이고, 층수가 4개 층 이하인 주택이다.

③ 학교 또는 공장 등의 학생 또는 종업원 등을 위하여 쓰는 것으로서 1개 동의 공동취사시설 이용 세대 수가 전체의 50퍼센트 이상인 주택을 기숙사라고 한다.

④ 다세대주택은 학생 또는 직장인등 여러 사람이 장기간 거주할 수 있는 구조로 되어 있는 주택을 의미한다.

⑤ 도시형생활주택은 350세대 미만의 국민주택규모에 해당하는 주택이다.

6. 토지의 특성과 관련된 설명으로 틀린 것은?

① 토지는 부증성으로 인해서 물리적 관점에 대해서는 장·단기적으로 완전비탄력적이다.

② 지리적 위치의 고정성으로 인하여 토지시장은 국지화된다.

③ 부증성은 지대 또는 지가를 발생시키며, 최유효이용의 근거가 된다.

④ 부증성 때문에 이용전환을 통한 토지의 용도적 공급은 불가능하다.

⑤ 부증성으로 인해 토지의 공급조절이 어렵고, 소유욕구가 증대된다.

7. 부동산의 수요 및 공급에 관한 설명으로 옳은 것은?

① 수요량은 일정 기간에 실제로 구매한 수량이다.

② 주택재고, 가계자산, 신규주택공급량, 자본총량은 저량이다.

③ 아파트 가격 상승이 예상되면 수요량의 변화로 동일한 수요곡선상에서 상향으로 이동하게 된다.

④ 담보대출 금리가 상승하면 수요량의 변화로 동일한 수요곡선상에서 하향으로 이동하게 된다.

⑤ 가격이외의 다른 요인이 수요량을 변화시키면 수요곡선자체의 변화가 나타난다.

8. 부동산의 수요에 관한 설명으로 옳은 것은?

① 보완재의 가격하락은 수요곡선을 우측으로 이동시킨다.

② 대체주택 가격하락은 수요곡선을 우측으로 이동시킨다.

③ 아파트의 가격이 하락하면 대체재인 오피스텔의 수요를 증가시키고 오피스텔의 가격을 상승시킨다.

④ 해당 부동산 가격의 하락은 수요곡선을 우측으로 이동시킨다.

⑤ 부동산 가격상승에 대한 기대감은 수요곡선의 좌측이동 요인이다.

9. 부동산의 공급과 관련된 설명으로 틀린 것은?

① 공급량은 주어진 가격수준에서 공급자가 공급하고자 하는 최대수량이다.

② 해당 가격이 변하여 공급량이 변하면 다른 조건이 불변일 때 동일한 공급곡선상에서 점의 이동이 나타난다.

③ 주택가격이 상승하면 주택용지의 공급이 증가한다.

④ 물리적 토지공급량이 불변이라면 토지의 물리적 공급은 토지가격 변화에 대해 완전비탄력적이다.

⑤ 신축 원자재 가격의 상승은 단기적으로 주택가격을 상승시키는 요인이 된다.

10. 수요공급의 변화에 따른 균형의 이동에 대한 설명으로 옳은 것은?

① 공급이 불변이고 수요가 감소하는 경우, 새로운 균형가격은 상승하고 균형거래량은 감소한다.

② 공급의 감소가 수요의 감소보다 큰 경우, 새로운 균형가격은 하락하고 균형거래량은 감소한다.

③ 수요의 증가폭이 공급의 증가폭보다 작다면 균형가격은 상승하고 균형량은 감소한다.

④ 수요가 증가하고, 공급이 감소하게 되면 균형가격은 하락하나, 균형거래량은 그 변화를 알 수가 없다.

⑤ 수요와 공급이 동시에 동일한 폭으로 감소한다면, 균형가격은 변하지 않으나, 균형거래량은 감소한다

11. 수요와 공급의 변화에 따른 균형의 이동에 대한 설명으로 옳은 것은?

① 부동산 수요가 증가할 때 부동산 공급곡선이 탄력적일수록 부동산 가격은 더 크게 상승한다.

② 부동산 수요가 증가하면 부동산 공급이 비탄력적일수록 균형가격이 더 작게 상승한다.

③ 수요의 가격탄력성이 완전탄력적인 경우에 공급이 증가하면 균형가격은 변하지 않고 균형거래량은 증가한다.

④ 수요의 가격탄력성이 완전탄력적일 때 공급이 증가할 경우 균형거래량은 변하지 않는다.

⑤ 공급이 완전비탄력적일 때 수요가 증가하면 균형가격은 상승하고, 균형거래량은 증가하게 된다.

12. 다음 조건을 고려하여 균형가격(ㄱ)과 균형거래량(ㄴ)가 수요곡선의 기울기 절대값(ㄷ)의 변화를 각각 추정하면?

○ 수요함수 : $Q_{D1} = 70-P$ (변화 전) → $Q_{D2} = 120-\dfrac{1}{2}P$ (변화 후)

○ 공급함수 : $Q_S = 2P-80$

13. 수요의 가격탄력성에 대한 설명으로 틀린 것은?

① 수요의 가격탄력성은 해당 재화의 가격변화율에 대한 수요량의 변화율을 측정한 것이다.

② 미세한 가격변화에 수요량이 무한히 크게 변한다면, 이는 수요가 완전탄력적이라는 의미이다.

③ 수요의 가격탄력성이 비탄력적이라는 것은 가격변화율에 비해 수요량의 변화율이 작다는 것이다.

④ 수요의 가격탄력성이 완전비탄력적이면 가격의 변화와는 상관없이 수요량이 고정된다.

⑤ 수요곡선이 수직선이면 수요의 가격탄력성은 완전탄력적이다.

14. 수요와 공급의 가격탄력성에 대한 설명으로 틀린 것은?

① 일반적으로 부동산 수요에 대한 관찰기간이 길어질수록 수요의 가격탄력성은 커진다.

② 오피스텔에 대한 대체재가 감소함에 따라 오피스텔 수요곡선의 기울기는 점점 급해진다.

③ 일반적으로 임대주택을 건축하여 공급하는 기간이 짧을수록 공급의 가격탄력성은 작아진다.

④ 수요가 단위 탄력적일 경우, 임대주택의 임대료가 하락하더라도 전체 임대료 수입은 불변한다.

⑤ 수요의 가격탄력성이 1보다 작을 경우 전체 수입은 주택 임대료가 상승함에 따라 증가한다.

15. 아파트 매매가격이 5% 상승할 때, 아파트 매매수요량이 10% 감소하고 오피스텔 매매수요량이 8% 증가하였다. 이때 아파트 매매수요의 가격 탄력성의 정도(A), 오피스텔 매매수요의 교차탄력성(B), 아파트에 대한 오피스텔의 관계(C)는? (가격탄력성은 절댓값, 다른 조건은 동일)

16. 어느 지역의 오피스텔에 대한 수요의 가격탄력성은 0.8이고 소득탄력성은 0.6이다. 오피스텔 가격이 5% 상승함과 동시에 소득이 변하여 전체 수요량이 2% 증가하였다면, 이 때 소득의 변화율은? (오피스텔은 정상재, 가격탄력성은 절대값, 다른 조건은 동일함)

17. 아파트에 대한 수요의 가격탄력은 0.5, 소득탄력성은 0.4이고, 오피스텔 가격에 대한 아파트 수요량의 교차탄력성은 0.8이다. 아파트 가격, 아파트 수요자의 소득, 오피스텔 가격이 각각 5%씩 상승할 때, 아파트 전체 수요량의 변화율은? (아파트와 오피스텔은 대체재이며, 아파트에 대한 수요의 가격탄력성은 절댓값으로 나타내며, 다른 조건은 동일함)

18. 부동산 경기변동과 관련된 설명으로 옳은 것은?

① 부동산 경기는 일반경기와 같이 일정한 주기와 동일한 진폭으로 규칙적이고 안정적으로 반복되며 순환된다.
② 하향국면은 매수자가 중시되고, 과거의 거래사례가격은 새로운 거래가격의 하한이 되는 경향이 있다.
③ 회복국면은 매수자가 중시되고, 과거의 거래사례가격은 새로운 거래의 기준가격이 되거나 하한이 되는 경향이 있다.
④ 부동산 경기변동은 일반 경기변동에 비해 정점과 저점 간의 진폭이 작다.
⑤ 상향국면에서 직전국면 저점의 거래사례가격은 현재 시점에서 새로운 거래가격의 하한이 되는 경향이 있다.

19. 거미집 모형에 관한 설명으로 틀리게 연결된 것은? (Qd는 수요량, Qs는 공급량을 의미하며, 탄력성과 기울기는 절대값으로 비교한다.)

(ㄱ) 수요곡선의 기울기 : −0.7, 공급곡선의 기울기: 0.6

(ㄴ) 수요의 가격탄력성의 절대값이 공급의 가격탄력성이 절대값보다 클 때

(ㄷ) A시장 : Qd=100−P, 2Qs = −10+P

(ㄹ) B시장 : Qd=500−2P, 2Qs = 50+4P

(ㅁ) C시장 : Qd = 100−$\frac{1}{2}$P, Qs = 40+2P

① (ㄱ) : 발산형
② (ㄴ) : 수렴형
③ (ㄷ) : 수렴형
④ (ㄹ) : 발산형
⑤ (ㅁ) : 발산형

20. 부동산 시장에 대한 설명으로 옳은 것은?

① 부동산 시장은 진입장벽이 존재하지 않으므로 불완전경쟁 시장이 된다.

② 장기보다 단기에서 공급의 가격탄력성이 크므로 단기적으로는 수급조절이 용이한 편이다.

③ 특정 지역에 소수의 수요자와 공급자가 존재하는 불완전경쟁시장이다.

④ 개별성으로 인하여 일반 재화에 비해 표준화가 용이한 편이다.

⑤ 부증성으로 인하여 특정한 지역에 국한되는 시장의 지역성 혹은 지역 시장성이 존재한다.

21. 부동산 시장에 대한 설명으로 틀린 것은?

① 일반적으로 매수인의 제안가격과 매도인의 요구가격 사이에서 가격이 형성된다.

② 부동산의 유형, 규모, 품질 등에 따라 구별되는 하위시장이 존재한다.

③ 이용의 비가역적 특성 때문에 일반재화에 비해 의사결정지원분야의 역할이 더욱 중요하다.

④ 시장의 분화현상은 경우에 따라 부분시장별로 시장의 불균형을 초래하기도 한다.

⑤ 정보의 대칭성으로 인해 부동산 가격의 왜곡현상이 나타나기도 한다.

22. 주거분리와 여과현상에 대한 설명으로 틀린 것은?

① 주택 여과과정은 주택의 질적 변화 및 수요자의 소득변화에 따른 연쇄적 가구이동 현상이다.

② 고소득층 주택의 개량비용이 개량 후 주택가치의 상승분보다 크다면 상향여과과정 이 발생하기 쉽다.

③ 상위계층에서 사용되는 기존주택이 하위계층에서 사용되는 것을 하향여과라 한다.

④ 저급주택이 수선되거나 재개발되어 상위계층에서 사용되는 것을 상향여과라고 한다.

⑤ 공가(空家)는 여과의 중요한 전제조건이다.

23. 주거분리와 여과현상에 대한 설명으로 틀린 것은?

① 저소득가구의 침입과 천이 현상으로 인하여 주거입지의 변화가 야기될 수 있다.

② 주거분리는 소득에 따라 주거지역이 지리적으로 나뉘는 현상이다.

③ 정(+)의 외부효과를 추구하고, 부(-)의 외부효과를 회피하려는 동기에서 주거분리 현상이 발생한다.

④ 고소득층 주거지와 저소득층 주거지가 인접한 경우, 경계지역 부근의 저소득층 주택은 할인되어 거래되고 고소득층 주택은 할증되어 거래된다.

⑤ 주택의 하향여과 과정이 원활하게 작동하면 저급주택의 공급량이 증가한다.

24. 효율적 시장에 대한 설명으로 틀린 것은?

① 약성 효율적 시장에서는 과거의 역사적 자료를 분석하여 정상이윤을 초과하는 이윤을 획득할 수 없다.

② 준강성 효율적 시장은 공식적으로 이용가능한 정보를 기초로 기본적 분석을 하여 투자해도 초과이윤을 얻을 수 없다.

③ 강성효율적 시장은 공표된 것이건 그렇지 않은 것이건 어떠한 정보도 이미 가치에 반영되어 있는 시장이다.

④ 강성효율적 시장에서는 아직 공표되지 않은 정보를 분석해서 초과이윤을 얻을 수 있다.

⑤ 부동산 시장은 불완전경쟁시장이지만 할당효율적 시장이 될 수 있다.

25. 대형마트가 개발된다는 다음과 같은 정보가 있을 때 합리적인 투자자가 최대한 지불할 수 있는 이 정보의 현재가치는?

- 대형마트 개발예정지 인근에 일단의 A토지가 있다.
- 2년 후 대형마트가 개발될 가능성은 40%로 알려져 있다.
- 2년 후 대형마트가 개발되면 A토지의 가격은 15억 4,000만원, 개발되지 않으면 8억 2,000만원으로 예상된다.
- 투자자의 요구수익률(할인율)은 연 20%이다..

① 2억원　　② 2억 5000만원　　③ 3억원　　④ 3억 5000만원　　⑤ 4억원

26. 지대이론에 대한 설명으로 옳은 것은?

① 절대지대설은 비옥도를 중시하며, 비옥한 토지의 희소성과 수확체감의 법칙을 전제한다.

② 마르크스에 따르면 지대는 우등지와 열등지의 생산성과의 차이에 의해 결정된다.

③ 튀넨에 따르면 지대는 중심지에서 거리가 멀어짐에 따라 지대가 점점 증가하는 증가함수이다.

④ 차액지대설에 따르면 한계지의 지대는 존재하지 않는다.

⑤ 튀넨에 의하면 도심에 가까울수록 조방 농업이 입지하고, 교외로 갈수록 집약농업이 입지한다.

27. 지대이론에 대한 설명으로 틀린 것은?

① 준지대는 토지 이외의 고정생산요소에 귀속되는 소득으로서 영구적으로 지대의 성격을 가지지는 못한다.

② 마샬에 의하면 준지대는 생산을 위하여 사람이 만든 기계나 기구들로부터 얻는 소득이다.

③ 어떤 생산요소가 다른 용도로 전용되지 않고 현재의 용도에 그대로 사용되도록 지급하는 최소한의 지급액을 경제지대라고 한다.

④ 입찰지대곡선은 여러 개의 지대곡선 중 가장 높은 부분을 연결한 우하향하는 포락선이다.

⑤ 헤이그의 마찰비용이론에서는 교통비와 지대를 마찰비용으로 본다.

28. 입지이론에 관한 설명 중 틀린 것은?

① 베버는 최소비용으로 제품을 생산할 수 있는 곳을 기업의 최적입지지점으로 본다.

② 크리스탈러에 의하면 재화의 도달범위란 중심지 기능이 유지되기 위한 최소한의 수요요구 규모를 의미한다.

③ 레일리는 중심지가 소비자에게 미치는 영향력의 크기는 중심지의 크기에 비례하고 거리의 제곱에 반비례한다고 보았다.

④ 컨버스는 경쟁관계에 있는 두 소매시장간 상권의 경계지점을 확인할 수 있도록 소매중력모형을 수정하였다.

⑤ 넬슨은 특정 점포가 최대 이익을 얻을 수 있는 매출액을 확보하기 위해서는 어떤 장소에 입지하여야 하는지를 제시하였다.

29. 입지 및 상권이론에 대한 설명으로 틀린 것은?

① 베버에 의하면 중량감소산업이거나 원료지수가 1보다 큰 경우, 원료지향형 입지가 유리하다.

② 크리스탈러에 의하면 중심지 성립요건은 최소요구범위가 재화의 도달범위 내에 있을 때이다.

③ 컨버스는 소비자들의 특정 상점의 구매를 설명할 때 실측거리, 시간거리, 매장규모와 같은 공간요인뿐만 아니라 효용이라는 비공간요인도 고려하였다.

④ 허프는 소비자가 특정 점포를 이용할 확률은 점포와의 거리, 경쟁점포의 수와 면적에 의해서 결정된다고 보았다.

⑤ 크리스탈러는 공간적 중심지 규모의 크기에 따라 상권의 규모가 달라진다는 것을 실증하였다.

30. 레일리(W. Reilly)의 소매중력모형에 따라 C신도시의 소비자가 A도시와 B도시에서 소비하는 월 추정소비액은 각각 얼마인가?

- A도시 인구: 75,000명, B도시 인구: 32,000명
- C신도시: A도시와 B도시 사이에 위치
- A도시와 C신도시 간의 거리: 5km
- B도시와 C신도시 간의 거리: 4km
- C신도시 소비자의 잠재 월 추정소비액: 5억원

① ㄱ: 1억 , ㄴ: 4억　　　② ㄱ: 2억 , ㄴ: 3억

③ ㄱ: 3억 , ㄴ: 2억　　　④ ㄱ: 4억 , ㄴ: 1억

⑤ ㄱ: 4억 5000만원 , ㄴ: 5000만원

31. 컨버스의 분기점 모형에 기초할 때, A시와 B시의 상권 경계지점은 A시로부터 얼마만큼 떨어진 지점인가? (단, 주어진 조건에 한함)

- A시와 B시는 동일 직선상에 위치하고 있다.
- A시 인구: 32,000명
- B시 인구: 8,000명
- A시와 B시 사이의 직선거리: 9km

32. 허프 모형을 활용하여, X지역의 주민이 할인점 C를 방문할 확률과 할인점 C의 월 추정매출액을 순서대로 나열한 것은?

- ○ X지역의 현재 주민: 8,000명
- ○ 1인당 월 할인점 소비액: 50만원
- ○ 공간마찰계수: 2
- ○ X지역의 주민은 모두 구매자이고, A, B, C 할인점에서만 구매한다고 가정함

33. 도시내부구조이론에 관한 설명으로 틀린 것은?

① 해리스와 울만의 다핵심이론은 몇 개의 분리된 핵이 점진적으로 통합됨에 따라 전체적인 도시구조가 형성된다는 이론이다.

② 버제스의 동심원이론에 따르면 천이지대는 고소득층 지대보다 도심에서 멀리 입지한다.

③ 해리스와 울만에 따르면 유사한 도시활동은 집적으로부터 발생하는 이익 때문에 집중하려는 경향이 있다.

④ 호이트는 도시성장과 분화가 주요 교통망에 따라 부채꼴 모양으로 확대된다고 보았다.

⑤ 선형이론에 의하면 고소득층 주거지는 주요 교통노선을 축으로 하여 접근성이 양호한 지역에 입지하는 경향이 있다.

34. 시장실패 및 정부의 시장개입에 대한 설명으로 틀린 것은?

① 공공재, 외부효과, 정보의 비대칭성, 재화의 이질성은 부동산 시장실패 요인이 된다.

② 공공재는 경합성과 배제성으로 인하여 생산을 시장기구에 맡기면 과소생산되는 경향이 있다.

③ 한 사람의 행위가 의도하지 않게 제3자의 경제적 후생에 영향을 미치지만, 그에 대한 보상이 이루어지지 않는 현상을 외부효과라고 하며, 이는 시장실패의 원인이 된다.

④ 개발부담금 부과는 정부의 간접적 시장개입수단이다.

⑤ 담보인정비율(LTV) 및 총부채상환비율(DTI)의 강화는 시장개입수단 중 금융규제이자 간접적 개입방식이다.

35. 토지정책에 대한 설명으로 옳은 것은?

① 재건축부담금은 현재 개발이익환수에 관한 법률에 의해 시행되고 있다.

② 토지선매란 토지거래 허가구역내에서 허가신청이 있을 때 공익목적을 위하여 사적 거래에 우선하여 국가, 지자체, 한국토지주택공사 등이 그 토지를 수용할 수 있는 제도이다.

③ 토지거래허가제는 토지에 대한 개발과 보전의 문제가 발생했을 때 이를 합리적으로 조정하는 제도이다.

④ 개발권양도제는 개발이 제한되는 지역의 토지 소유권에서 개발권을 분리하여 개발이 필요한 다른 지역에 토지의 소유권을 양도하게 하는 제도이다.

⑤ 정부는 한국토지주택공사(LH)를 통하여 토지비축업무를 수행할 수 있다.

36. 토지정책에 대한 설명으로 틀린 것은?

① 토지은행의 비축토지는 각 지방자치단체에서 직접 관리하기 때문에 관리의 효율성을 기대할 수 있다.

② 토지거래계약에 관한 허가구역은 투기적인 거래가 성행하거나 지가가 급격히 상승하는 지역을 대상으로 지정될 수 있다.

③ 지구단위계획을 통해, 토지이용을 합리화하고 그 기능을 증진시키며 미관을 개선하고 양호한 환경을 확보할 수 있다.

④ 토지거래허가구역으로 지정된 지역에서 토지거래계약을 체결할 경우 시장·군수 또는 구청장의 허가를 받아야 한다.

⑤ 개발부담금제는 개발사업의 시행으로 이익을 얻은 사업시행자로부터 개발이익의 일정액을 환수하는 제도이다.

37. 임대주택 정책에 대한 설명으로 옳은 것은?

① 규제임대료가 균형임대료보다 높아야 주거비 부담 완화 효과를 기대할 수 있다.

② 국가 재정 및 주택도시기금의 지원받아 전세계약의 방식으로 공급하는 공공임대주택을 영구임대주택이라고 한다.

③ 주거급여와 주택 바우처는 모두 소비자 보조 방식이다.

④ 공공임대주택 공급정책은 주택 바우처와 같은 소비자 보조에 비해 주택 수요자의 선택의 폭을 넓혀주는 장점이 있다.

⑤ 장기전세주택은 국가나 지방자치단체의 재정이나 주택도시기금의 자금을 지원받아 대학생, 사회초년생, 신혼부부 등 젊은 층의 주거안정을 목적으로 공급되고 있다.

38. 임대주택 정책에 대한 설명으로 틀린 것은?

① 현재 우리나라에서는 공공주택특별법상 공공지원민간임대주택이 공급되고 있다.

② 정부가 저소득층에게 임차료를 보조해주면 저소득층 주거의 질적 수준이 높아질 수 있다.

③ 임대료 상한을 균형가격 이하로 규제하면 임대주택의 초과수요 현상이 발생할 수 있다.

④ 정부가 임대료를 균형가격 이하로 규제하면 민간임대주택의 공급량은 감소할 수 있다.

⑤ 국가 재정이나 및 주택도시기금의 자금을 지원받아 최저소득 계층, 저소득 서민, 젊은 층 및 장애인·국가유공자 등 사회 취약계층 등의 주거안정을 목적으로 공급하는 공공임대주택을 통합공공임대주택이라고 한다.

39. 분양주택 정책에 대한 설명으로 틀린 것은?

① 신규주택의 분양가격을 시장가격 이하로 규제하면 주택공급이 위축될 우려가 있다.

② 소비자 측면에서 후분양제도는 선분양제도보다 공급자의 부실시공 및 품질저하에 대처하기 유리하다.

③ 선분양제도는 준공 전 분양대금의 유입으로 사업자의 초기자금부담을 완화할 수 있다.

④ 사업주체가 일반인에게 공급하는 공동주택 중 공공택지에 분양하는 도시형생활주택에는 분양가상한제가 적용된다.

⑤ 주택법령상 분양가상한제 적용주택 및 그 주택의 입주자로 선정된 지위에 대하여 전매를 제한할 수 있다.

40. 아래 정책 중 현행법상 미실시중인 정책을 모두 고르면?

[보 기]

(1) 전·월세 상한제	: [실시 vs 미실시]	(7) 택지소유상한제	: [실시 vs 미실시]
(2) 종합부동산세	: [실시 vs 미실시]	(8) 분양가상한제	: [실시 vs 미실시]
(3) 토지거래허가구역	: [실시 vs 미실시]	(9) 재건축부담금제	: [실시 vs 미실시]
(4) 토지초과이득세	: [실시 vs 미실시]	(10) 실거래가신고제	: [실시 vs 미실시]
(5) 공공토지비축제도	: [실시 vs 미실시]	(11) 개발부담금제	: [실시 vs 미실시]
(6) 재개발초과이익환수	: [실시 vs 미실시]	(12) 개발권이전제(TDR)	: [실시 vs 미실시]

41. 현재 시행되는 제도와 법률 연결이 틀린 것을 모두 고르면?

① 실거래가 신고 – 부동산 거래신고등에 관한 법률

② 개발부담금제 – 개발이익 환수에 관한 법률

③ 투기과열지구의 지정 – 주택법

④ 표준주택가격 공시 – 부동산가격공시에 관한 법률

⑤ 공공토지비축 – 공공토지비축에 관한 법률

⑥ 개발권양도제 – 국토의 계획 및 이용에 관한 법률

⑦ 재건축부담금 – 도시 및 주거환경정비법

⑧ 부동산실명제 – 부동산 실권리자명의 등기에 관한 법률

42. 조세정책에 대한 설명으로 옳은 것은?

① 상속세와 재산세는 부동산의 취득단계에 부과한다.

② 증여세와 종합부동산세는 부동산의 보유단계에 부과한다.

③ 양도소득세가 중과되면 매도자는 거래 성립시기를 당기려 하고, 주택 보유기간이 짧아지는 현상이 발생한다.

④ 수요의 탄력성보다 공급의 탄력성이 크다면, 부과되는 조세에 대해 수요자보다 공급자의 부담이 더 커진다.

⑤ 부가가치세와 양도소득세는 모두 국세라는 공통점이 있다.

43. 부동산 투자에 대한 설명으로 틀린 것은?

① 부동산 가격이 물가상승률과 연동하여 상승한다면 부동산은 실물자산으로서 인플레이션 햇지(hedge) 효과가 있다.

② 타인자본, 즉 레버리지를 활용하면 투자 위험이 증가된다.

③ 전체투자수익률과 저당수익률이 동일하다면 부채비율의 변화가 지분수익률에 영향을 미치지 못한다.

④ 저당수익률이 총자본수익률보다 클 때는 부채비율을 높이는 방식으로 자기자본수익률을 증대시킬 수 있다.

⑤ 정(+)의 레버리지가 예상되더라도 부채비율을 높이게 되면 타인자본으로 인한 투자의 금융적 위험이 증대될 수 있다.

44. 투자에서 (ㄱ) 타인자본을 50% 활용하는 경우와 (ㄴ) 타인자본을 활용하지 않는 경우, 1년간 자기자본수익률을 산정하면?

- 부동산 매입가격: 2억원
- 1년 후 부동산 처분
- 순영업소득(NOI): 연 500만원(기간 말 발생)
- 보유기간 동안 부동산 가격 상승률: 연 5%
- 대출조건: 이자율 연 4%, 대출기간 1년, 원리금은 만기일시상환

45. 투자 위험에 대한 설명으로 틀린 것을 고르면?

① 인플레이션 위험은 부동산의 낮은 환금성에 기인한다.
② 투자위험은 분산 및 표준편차로 측정할 수 있다.
③ 투자위험에는 전반적인 물가상승으로 인해 발생하는 구매력 하락위험이 있다.
④ 장래에 인플레이션이 예상되는 경우 대출기관은 고정금리보다는 변동이자율로 대출하기를 선호한다.
⑤ 위치적 위험이란 환경이 변하면서 대상 부동산의 상대적 위치가 변화하는 위험이다.

46. 투자 수익률에 대한 설명으로 옳게 설명된 것을 모두 고르면?

① 투자자가 투자부동산에 대하여 자금을 투자하기 위해 충족되어야 할 최소한의 수익률을 기대수익률이라고 한다.
② 요구수익률은 투자가 이루어진 후 달성된 수익률을 말한다.
③ 기대수익률은 다른 투자의 기회를 포기한다는 점에서 기회비용이라고도 한다.
④ 금리상승은 투자자의 요구수익률을 하락시키는 요인이다.
⑤ 무위험률의 하락은 요구수익률을 상승시키는 요인이다.
⑥ 개별투자자가 위험을 기피할수록 요구수익률은 낮아진다.
⑦ 일반적으로 위험과 요구수익률은 비례관계에 있다.
⑧ 요구수익률이 기대수익률보다 낮을 경우 투자안이 채택된다.
⑨ 기대수익률이 요구수익률보다 작은 경우 투자안이 채택된다.

47. 위험의 처리 및 관리방안에 대한 설명으로 옳은 것은?

① 위험조정할인율은 장래 수익을 현재가치로 환원할 때 위험에 따라 조정된 할인율이다.
② 위험조정할인율을 적용하는 방법으로 장래 기대되는 소득을 현재가치로 환산하는 경우, 위험한 투자안일수록 낮은 할인율을 적용한다.
③ 위험조정할인율법은 투자효과를 분석하는 모형의 투입요소가 변화함에 따라, 결과에 어떠한 영향을 주는가를 분석한다.
④ 보수적 예측은 투자수익의 추계치를 상향조정하는 방법이다.
⑤ 투자위험을 처리할 때 위험한 투자안을 제외시키는 방법을 위험의 전가라고 한다.

48. 투자안의 선택 및 포트폴리오에 대한 설명으로 틀린 것은?

① 평균-분산 지배원리에 따르면 두 자산의 기대수익률이 동일할 경우, 표준편차가 낮은 투자안이 유리하다.

② 효율적 프론티어(효율적 전선)란 평균-분산 지배원리에 의해 모든 위험 수준에서 최대의 기대수익률을 얻을 수 있는 포트폴리오의 집합을 말한다.

③ 효율적 프론티어의 우상향에 대한 의미는 투자자가 높은 수익률을 얻기 위해 많은 위험을 감수하는 것이다.

④ 최적의 포트폴리오는 투자자의 무차별곡선과 효율적 프론티어의 접점에서 선택된다.

⑤ 위험의 회피도가 높을수록 투자자의 무차별곡선의 기울기는 완만하게 나타난다.

49. 포트폴리오에 대한 설명으로 옳은 것은?

① 분산투자는 포트폴리오를 구성하는 투자자산 종목의 수를 늘릴수록 체계적 위험을 감소시는 것을 목적으로 한다.

② 자산간 상관계수가 1인 두 개의 자산으로 포트폴리오를 구성할 때 포트폴리오의 위험감소 효과가 최대로 나타난다.

③ 개별자산의 기대수익률 간 상관계수가 0인 두 개의 자산으로 포트폴리오를 구성할 때 포트폴리오의 위험감소효과가 최대로 나타난다.

④ 자산 간의 상관계수가 완전한 음(-)의 관계에 있을 때, 포트폴리오 구성을 통한 위험절감 효과가 나타나지 않는다.

⑤ 2개의 자산의 수익률이 서로 같은 방향으로 움직일 경우, 상관계수는 양의 값을 가지므로 위험분산 효과가 작아진다.

50. 화폐의 시간가치에 대한 설명으로 틀린 것을 모두 고르면?

① 5년 후 주택구입에 필요한 5억원을 모으기 위해 매월말 불입해야 하는 적금액을 계산할 때, 감채기금계수를 활용한다.

② 매월말 60만원씩 5년간 들어올 것으로 예상되는 임대수입의 현재가치를 계산하려면, 연금의 미래가치계수를 활용한다.

③ 연금의 현재가치계수와 감채기금계수는 역수 관계이다.

④ 임대기간 동안 월임대료를 모두 적립할 경우, 이 금액의 미래 가치를 산정한다면 연금의 내가계수를 사용한다.

⑤ 현재 10억원인 아파트가 매년 5%씩 가격이 상승한다고 가정할 때, 3년 후 아파트 가격을 산정하는 경우 일시불의 미래가치계수를 사용한다.

⑥ 원금균등상환방식으로 대출한 가구가 매기 상환액을 산정할 때는 융자액에 저당상수를 곱하여 산정한다.

⑦ 잔금비율은 1에서 상환비율을 차감한 값이다.

51. A는 매월 말에 50만원씩 5년 동안 적립하는 적금에 가입하였다. 이 적금의 명목금리는 연 3%이며, 월복리 조건이다. 이 적금의 현재가치를 계산하기 위한 식으로 옳은 것은? (주어진 조건에 한함)

① $500,000 \times \left\{ \dfrac{(1+0.03)^5 - 1}{0.03} \right\}$

② $500,000 \times \left\{ \dfrac{\left(1+\dfrac{0.03}{12}\right)^{5 \times 12} - 1}{\dfrac{0.03}{12}} \right\}$

③ $500,000 \times \left(1+\dfrac{0.03}{12}\right)^{5 \times 12}$

④ $500,000 \times \left\{ \dfrac{0.03}{1-(1+0.03)^{-5}} \right\}$

⑤ $500,000 \times \left\{ \dfrac{1-\left(1+\dfrac{0.03}{12}\right)^{-5 \times 12}}{\dfrac{0.03}{12}} \right\}$

52. 현금흐름에 대한 설명으로 틀린 것은?

① 가능총소득은 단위면적당 추정 임대료에 임대면적을 곱하여 구한 소득이다.

② 순영업소득은 유효총소득에서 영업경비를 차감한 소득이다.

③ 영업경비는 부동산 운영과 직접 관련 있는 경비로, 광고비, 전기세, 수선비, 재산세가 이에 해당된다.

④ 세전지분복귀액은 자산의 순매각금액에서 미상환 저당잔액을 합산하여 지분투자자의 몫으로 돌아오는 금액을 말한다.

⑤ 세전현금흐름은 지분투자자에게 귀속되는 세전소득을 말하는 것으로, 순영업소득에 부채서비스액을 차감한 소득이다.

53. 현금흐름에 대한 설명으로 틀린 것은?

① 동일 현금흐름의 투자안이라도 요구수익률에 따라 순현재가치(NPV)가 달라질 수 있다.

② 순현재가치는 투자자의 요구수익률로 할인한 현금유입의 현가에서 현금유출의 현가를 뺀 값이다.

③ 내부수익률법에서는 내부수익률과 실현수익률을 비교하여 투자 여부를 결정한다.

④ 수익성지수(PI)는 투자로 인해 발생하는 현금유입의 현가를 현금유출의 현가로 나눈 비율이다.

⑤ 내부수익률법에서는 내부수익률이 요구수익률보다 작은 경우 투자안이 기각된다.

54. 현금흐름에 대한 설명으로 옳은 것은?

① 부동산 투자분석기법 중 화폐의 시간가치를 고려한 방법에는 순현재가치법, 내부수익률법, 회계적 이익률법이 있다.

② 내부수익률이란 순현가를 1로 만들고, 수익성지수를 0으로 만드는 할인율이다.

③ 순현가법에서는 재투자율로 내부수익률을 사용하고, 내부수익률법에서는 요구수익률을 사용한다.

④ 내부수익률이란 투자로부터 기대되는 현금유입의 현재가치와 현금유출의 현재가치를 같게 하는 할인율이다.

⑤ 내부수익률은 순현가를 0보다 작게 하는 할인율이다.

55. 다음 표와 같은 투자안이 있다. 이 사업들은 모두 사업 기간이 1년이며, 사업 초기 (1월 1일) 에 현금지출만 발생하고 사업 말기 (12월 31일)에 현금유입만 발생한다고 한다. 할인율이 연 10%라고 할 때 다음을 산정하면?

〈 보 기 〉

투자안	현금지출	현금유입
A	2,000	2,365
B	3,000	3,520
C	4,000	4,510
D	5,000	5,632

1) A와 B의 순현가
   A 순현가 = [   ]
   B 순현가 = [   ]

2) C와 D의 수익성지수
   C의 수익성지수 = [   ]
   D의 수익성지수 = [   ]

3) A와 D의 내부수익률
   A 내부수익률 = [   ]
   D 내부수익률 = [   ]

56. 투자 분석에 대한 설명으로 틀린 것은?

① 수익률법과 승수법은 투자 현금흐름의 시간가치를 반영하지 않고 타당성을 분석하는 방법이다.

② 투자 타당성은 총투자액 또는 지분투자액을 기준으로 분석할 수 있으며, 순소득승수는 지분투자액을 기준으로 한다.

③ 세전지분투자수익률은 지분투자액에 대한 세전현금흐름의 비율이다.

④ 종합자본환원율은 순영업소득을 총투자액으로 나눈 비율이다.

⑤ 순소득승수는 총투자액을 순영업소득으로 나눈 값이다.

57. 투자 분석에 대한 설명으로 옳은 것은?

① 부채비율은 지분에 대한 부채의 비율이며, 대부비율이 50%일 경우에는 부채비율도 50%가 된다.

② 부채감당률이란 유효총소득이 부채서비스액의 몇 배가 되는가를 나타내는 비율이다.

③ 회계적 이익률법에서는 투자안의 이익률이 목표이익률보다 높은 투자안 중에서 이익률이 가장 높은 투자안을 선택하는 것이 합리적이다.

④ 회수기간은 투자시점에서 발생한 비용을 회수하는데 걸리는 기간을 말하며, 회수기간법에서는 투자안 중에서 회수기간이 가장 장기인 투자안을 선택한다.

⑤ 채무불이행률은 순영업소득이 영업경비와 부채서비스액을 감당할 수 있는지를 측정하는 비율이며, 채무불이행률을 손익분기율이라고도 한다.

58. 부동산 금융에 관한 설명으로 틀린 것은?

① 주택시장이 침체하여 거래가 부진하면 수요자 금융을 확대하여 주택경기를 활성화 시킬 수 있다.

② 주택개발금융은 주택을 구입하려는 사람이 주택을 담보로 제공하고 자금을 제공받는 형태의 금융을 의미한다.

③ 주택소비금융은 주택구입능력을 제고시켜 자가주택 소유를 촉진시킬 수 있다.

④ 주택도시기금은 국민주택의 건설이나 국민주택규모 이하의 주택 구입에 출자 또는 융자할 수 있다.

⑤ 아래 내용을 읽고 지분 / 부채 / 메자닌을 채우시오

부동산 신디케이트	1	사모, 공모방식 증자	6
주택상환사채	2	부동산 투자펀드	7
부동산투자회사(REITs)	3	조인트벤처	8
자산유동화증권(ABS)	4	저당유동화증권(MBS)	9
전환사채 (CB)	5	신주인수권부사채	10

59. 주택 담보대출에 대한 설명으로 틀린 것은?

① 담보인정비율(LTV)은 주택의 담보가치를 중심으로 대출규모를 결정하는 기준이다.

② 차주상환능력(DTI)은 차입자의 소득을 중심으로 대출규모를 결정하는 기준이다.

③ 총부채원리금상환비율(DSR)은 차주의 총 금융부채 상환부담을 판단하기 위하여 산정하는 차주의 연간소득 대비 연간 금융부채 원리금 상환액 비율을 말한다.

④ 금융당국은 위축된 주택금융시장을 활성화하기 위하여 담보인정비율(LTV)과 총부채상환비율(DTI)을 하향조정한다.

⑤ 정부는 주택소비금융의 축소와 금리인상, 대출규제의 강화로 주택가격의 급격한 상승에 대처한다.

60. 담보대출을 희망하는 A의 소유 주택 시장가치가 6억원이고 연소득이 6,000만원일 때, LTV, DTI를 고려하여 A가 받을 수 있는 최대 대출가능금액은?

- 연간 저당상수 : 0.12
- 담보인정비율(LTV): 시장가치기준 60%
- 총부채원리금상환비율(DTI) : 40%
- 두 가지 대출 승인기준을 모두 충족
- 기존 대출액 : 5000만원

61. 시장가격이 5억원이고 순영업소득이 1억원인 상가를 보유하고 있는 A가 추가적으로 받을 수 있는 최대 대출가능 금액은?

- 연간 저당상수: 0.2
- 대출승인조건(모두 충족하여야 함)
  - 담보인정비율(LTV) 60% 이하
  - 부채감당률(DCR): 2 이상
- 상가의 기존 저당대출금: 1억원

62. 부동산 금융에 대한 설명으로 옳은 것은?

① 고정금리대출의 차입자는 시장이자율이 약정이자율보다 높아졌을 때 조기상환을 고려하게 된다.

② 코픽스(Cost of Funds Index)는 은행의 자금조달비용을 반영한 고정금리 대출의 기준금리이다.

③ 고정금리에서 시장이자율이 계약이자율보다 높아지면 대출기관은 인플레이션 위험에 직면한다.

④ 고정금리 주택담보대출의 이자율은 기준금리에 가산금리를 합하여 결정된다.

⑤ 고정금리 주택담보대출은 이자율 변동으로 인한 위험을 차주에게 전가하는 방식으로 금융기관의 이자율 변동위험을 줄일 수 있다.

63. 저당의 상환에 대한 설명으로 틀린 것은? [다른 모든 조건 동일]

① 원금균등상환방식의 경우, 매기간에 상환하는 원리금상환액과 대출잔액이 점차적으로 감소한다.

② 원리금균등상환방식의 경우, 매기간에 상환하는 원금상환액이 점차적으로 감소한다.

③ 체증(점증)상환방식은 원금균등분할상환방식에 비해 대출잔액이 천천히 감소하므로 상대적으로 이자부담은 큰 편이다.

④ 원리금균등분할상환방식은 원금균등분할상환방식에 비해 대출 직후에는 원리금의 상환액이 적다.

⑤ 원금만기일상환방식은 원금균등분할상환방식에 비해 대출채권의 가중평균상환기간 (duration)이 긴 편이다.

64. 저당의 상환에 대한 설명으로 옳은 것은? [다른 모든 조건 동일]

① 원금균등상환방식의 경우, 원리금균등상환방식보다 대출금의 가중평균상환기간 (duration)이 더 길다.

② 만기일시상환방식은 원금균등상환에 비해 대출 금융기관의 이자수입이 줄어든다.

③ 대출금을 조기상환하는 경우 원리금균등상환방식에 비해 원금균등상환방식의 상환 액이 더 크다.

④ 원금균등상환방식은 원리금균등상환방식에 비해 전체 대출기간 만료 시 누적원리금 상환액이 더 작다.

⑤ 체증(점증)상환 방식의 경우, 미래 소득이 감소될 것으로 예상되는 은퇴예정자에게 적합하다.

65. A씨는 은행으로부터 4억원을 대출받았다. 대출조건이 다음과 같을 때, A씨가 3회차에 상환할 원금과 3회차에 납부할 이자액을 산정하면?

- 대출금리: 고정금리, 연 6%
- 대출기간: 20년
- 저당상수: 0.087
- 원리금상환조건: 원리금균등상환, 연단위 매기간 말 상환

66. A는 주택 구입을 위해 연초에 6억원을 대출 받았다. 대출 조건이 다음과 같을 때, ㉠ 대출금리와 ㉡ 2회차에 상환할 이자액은?

- 대출금리: 고정금리
- 대출기간: 30년
- 원리금 상환조건: 원금균등상환방식
- 매년 말 연단위로 상환
  - 1회차 원리금 상환액: 4,400만원

67. 주택연금에 대한 설명으로 옳은 것은?

① 주택연금이란 주택에 저당을 설정하고, 금융기관으로부터 주택가치만큼
일시불로 노후생활자금을 받는 제도다.

② 주택연금은 수령기간이 경과할수록 대출잔액이 감소된다.

③ 주택연금의 보증기관은 주택도시보증공사(HUG)이다.

④ 주택연금은 중도상환시 2%의 수수료를 부담한다.

⑤ 한국주택금융공사는 주택연금 담보주택의 가격하락에 대한 위험을 부담할 수 있다

68. 프로젝트 파이낸싱에 대한 설명으로 틀린 것은?

① 사전 계약에 따라 미래에 발생할 현금흐름과 사업자체자산을 담보로 자금을
조달하는 금융기법이다.

② 프로젝트 금융의 상환재원은 프로젝트 자체자산에 의존한다.

③ 사업주의 재무상태표에 해당 부채가 표시되지 않는다.

④ 원사업주의 입장에서는 비소구 또는 제한적 소구방식이므로 상환의무가 제한되는
장점이 있다.

⑤ 금융기관의 입장에서는 부외금융 효과에 의해 채무수용능력이 커지는 장점이 있다.

69. 프로젝트 파이낸싱에 대한 설명으로 틀린 것은?

① 프로젝트의 자본환원율은 자본의 기회비용과 프로젝트의 투자위험을 반영한다.

② 자본환원율이 상승하면 부동산 자산가치가 상승하게 되므로 신규개발사업 추진이
용이해진다.

③ 프로젝트 금융의 자금은 위탁관리하는 것이 원칙이다.

④ 프로젝트의 위험을 낮추기 위해서 금융기관은 시행사 및 시공사에게 자기자본의
투입비중을 확대할 것을 요구한다.

⑤ 프로젝트 위험이 높을수록 투자자의 요구수익률은 높아진다.

70. 부동산 투자회사에 관한 설명으로 틀린 것은?

① 자기관리리츠는 자산운용 전문인력을 포함한 임직원을 상근으로 두고 자산의 투자 운용을 직접 수행하는 회사이다.

② 영업인가를 받거나 등록을 한 날부터 6개월이 지난 기업구조조정 부동산투자회사의 자본금은 50억원 이상이 되어야 한다.

③ 위탁관리 부동산투자회사와 기업구조조정 부동산투자회사는 모두 명목형 회사의 형태로 운영된다.

④ 자기관리리츠는 자산을 투자·운용할 때에는 전문성을 높이고 주주를 보호하기 위하여 자산관리회사에 위탁하여야 한다.

⑤ 감정평가사 또는 공인중개사로서 해당 분야에 5년 이상 종사한 사람은 자기관리 부동산투자회사의 상근 자산운용 전문인력이 될 수 있다.

71. 부동산 투자회사에 대한 설명으로 옳은 것은?

① 자기관리 부동산투자회사의 설립 자본금은 5억원 이상이며 영업인가 후 6개월 이내에 50억원 이상을 모집하여야 한다.

② 부동산투자회사는 금융기관으로부터 자금을 차입하거나, 사채를 발행할 수 없다.

③ 위탁관리 부동산투자회사는 본점 외의 지점을 설치할 수 있으며, 직원을 고용하거나 상근 임원을 둘 수 있다.

④ 위탁관리리츠는 주주를 보호하기 위해서 직원이 준수해야 할 내부통제기준을 제정하여야 한다.

⑤ 위탁관리 부동산투자회사의 경우 주주 1인과 그 특별관계자는 발행주식총수의 50%를 초과하여 소유하지 못한다.

72. 저당의 유동화 및 저당시장에 대한 설명으로 틀린 것은?

① 제1차 저당대출시장은 저당대출을 원하는 수요자와 저당대출을 제공하는 금융기관으로 형성되는 시장이다.

② 저당유동화가 활성화 되면 주택금융의 축소로 자가소유가구 비중이 감소한다.

③ 저당이 유동화되면 주택금융이 확대됨에 따라 대출기관의 자금이 풍부해져 궁극적으로 주택자금대출이 확대될 수 있다.

④ 제2차 저당시장은 저당권을 유동화함으로써, 1차 저당시장에 자금을 공급하는 역할을 한다.

⑤ 우리나라의 모기지 유동화중개기관으로는 한국주택금융공사(HF)가 있다.

73. 저당 유동화 증권에 대한 설명으로 틀린 것은?

① MPTS(mortgage pass-through securities)는 지분형 증권이다.

② MPTS(mortgage pass-through securities)의 조기상환 위험은 투자자가 부담한다.

③ MBB의 투자자는 최초의 주택저당채권 집합물에 대한 소유권을 갖는다.

④ CMO(collateralized mortgage obligations)는 트랜치별로 적용되는 이자율과 만기가 다른 것이 일반적이다.

⑤ CMO(collateralized mortgage obligation)는 상환우선순위와 만기가 다른 다양한 층(tranche)으로 구성된 증권이다.

74. 저당 유동화 증권에 대한 설명으로 옳은 것은?

① MPTB(mortgage pay-through bond)의 경우, 조기상환 위험은 발행자가 부담하고, 채무불이행 위험은 투자자가 부담한다.

② MBB(mortgage backed bond)는 채권형 증권으로 발행자는 초과담보를 제공하는 것이 일반적이다.

③ MBB(주택저당채권담보부채권)의 저당채권(mortgage)에 대한 소유권과 원리금수취권은 모두 투자자에게 이전된다.

④ 주택저당담보부채권(MBB)의 경우에는 원저당차입자의 채무불이행이 발생한다면 발행자가 투자자에게 원리금을 지급할 의무가 없다.

⑤ MPTB의 발행자는 주택저당채권 집합물을 가지고 일정한 가공을 통해 위험-수익 구조가 다양한 트랜치의 증권을 발행한다.

75. 부동산 개발과 관련된 설명으로 틀린 것은?

① 부동산 개발이란 토지를 건설공사의 수행 또는 형질변경의 방법으로 조성하는 행위 및 건축물을 건축·대수선·리모델링 또는 용도변경 하거나 공작물을 설치하는 행위를 의미하며, 시공을 담당하는 행위를 포함한다.

② 부동산 개발업의 관리 및 육성에 관한 법률상 부동산 개발업이란 타인에게 공급할 목적으로 부동산 개발을 수행하는 업을 말한다.

③ 민간이 자본과 기술을 제공하고 공공기관이 인·허가 등의 행정적인 부분의 효율성을 담당하여 시행되는 개발을 제3섹터(sector)개발이라고 한다.

④ 정부의 정책이나 용도지역제와 같은 토지이용규제로 인해 개발의 법률적 위험이 발생하기도 한다.

⑤ 부동산 개발의 일반적 과정은 아이디어→예비적 타당성→부지확보→타당성분석→금융→건설→마케팅순으로 이어진다.

76. 부동산 개발의 위험에 대한 설명으로 틀린 것은?

① 인·허가시 용적률의 증가 및 매수예정 사업부지의 가격상승은 사업 시행자의 위험을 증가시키는 요인이다.

② 문화재 출토로 인한 사업중단은 시행사가 관리할 수 없는 위험이다.

③ 법적 위험을 최소화하기 위해서는 이용계획이 확정된 토지를 구입하는 것이 유리하다.

④ 행정의 변화에 의한 사업의 인·허가 지연은 시행사 또는 시공사가 스스로 관리할 수 없는 위험에 해당한다.

⑤ 사업지 주변의 SOC시설의 확충 지연은 시행사 스스로가 관리할 수 없는 요인이다

77. 부동산 개발분석과 관련된 설명으로 옳은 것은?

① 개발사업과 관련된 지역의 경제활동, 인구와 소득 등 대상지역 전체에 대한 총량적 지표를 분석하는 것을 시장성분석이라고 한다.

② 부동산이 가진 경쟁력을 중심으로 해당 부동산이 분양될 수 있는 가능성을 분석하는 것을 지역경제 분석이라고 한다.

③ 공급된 부동산이 시장에서 일정기간 동안 소비되는 비율을 조사하여 해당 부동산 시장의 추세를 파악하는 분석을 민감도 분석이라고 한다.

④ 흡수율 분석은 유사부동산에 대한 추세분석으로서, 흡수율 분석의 궁극적 목적은 개발 부동산의 장래예측에 있다.

⑤ 타당성 분석에 활용된 투입요소의 변화가 그 결과치에 어떠한 영향을 주는가를 분석하는것을 흡수율 분석이라고 한다.

78. 부동산 개발에 대한 다음의 설명 중 옳은 것은?

① 정비기반시설이 극히 열악하고 노후·불량 건축물이 과도하게 밀집한 지역의 주거환경을 개선하기 위해서 시행하는 사업을 주거환경관리사업이라고 한다.

② 환지방식이란 미개발 토지를 토지이용계획에 따라 구획정리하고 기반시설을 갖춤으로써 이용가치가 높은 토지로 전환하여 개발토지의 일부를 원소유자에게 재매각하는 것이다.

③ 단독주택 및 다세대 주택이 밀집한 지역에서 주거환경을 정비하는 사업을 재개발이라고 한다.

④ 토지소유자가 조합을 설립하여 농지를 택지로 개발한 후 보류지(체비지·공공시설 용지)를 제외한 개발토지 전체를 토지소유자에게 배분하는 방식을 환지방식이라고 한다.

⑤ 토지를 매수하고 환지방식을 혼합하여 개발하는 것을 전면매수방식이라 한다.

79. 부동산 개발과 관련된 설명으로 틀린 것은?

① 자체개발사업방식은 개발이익의 수준이 높고 개발의 속도가 빠르나 위험관리능력이 요구된다.

② 지주공동사업방식에서는 토지소유자는 토지를 제공하고, 개발업자는 노하우를 제공하여 서로의 이익을 추구한다.

③ 토지신탁에서는 신탁회사가 건설단계의 부족자금을 조달한다.

④ 개발이 완료된 후 완공된 건축면적이나 개발부동산의 일부를 토지소유자와 개발업자가 투입비중에 맞게 나누어 갖는 방식을 등가교환방식이라고 한다.

⑤ 토지신탁(개발)방식과 사업수탁방식은 형식의 차이가 있으나, 소유권 이전이 이루어진다는 공통점이 있다.

⑥ 토지신탁방식이란 신탁회사가 토지소유권을 이전받아 토지를 개발한 후 분양하거나 임대하여 그 수익을 신탁자(信託者)에게 돌려주는 것이다.

80. 부동산 신탁에 관한 설명으로 틀린 것은?

① 부동산 신탁에 있어서 당사자는 부동산 소유자인 위탁자와 부동산 신탁사인 수탁자 및 신탁재산의 수익권을 배당받는 수익자로 구성되어 있다.

② 부동산 소유자가 소유권을 신탁회사에 이전하고 신탁회사로부터 수익증권을 교부받아 수익증권을 담보로 금융기관에서 대출을 받는 상품을 토지신탁이라 한다.

③ 처분신탁은 처분방법이나 절차가 까다로운 부동산에 대한 처분업무 및 처분완료시까지의 관리업무를 신탁회사가 수행하는 것이다.

④ 관리신탁에 의하는 경우 법률상 부동산 소유권이 이전된 상태로 신탁회사가 부동산의 관리업무를 수행하게 된다.

⑤ 분양관리신탁은 상가등 건축물 분양의 투명성과 안정성을 확보하기 위하여 신탁회사에게 사업부지의 신탁과 분양에 따른 자금관리업무를 부담시키는 것이다.

81. 부동산 개발방식에 대한 다음의 설명 중 틀린 것은?

① 사업주가 시설준공 후 소유권을 취득하여, 일정 기간 동안 운영을 통해 운영수익을 획득하고, 그 기간이 만료되면 공공에게 소유권을 이전하는 방식을 BOT 방식이라고 한다.

② 사업주가 시설준공 후 소유권을 공공에게 귀속시키고, 그 대가로 받은 시설 운영권으로 그 시설을 공공에게 임대하여 임대료를 획득하는 방식 BLT방식이라고 한다.

③ 사업주가 시설준공 후 소유권을 공공에게 귀속시키고, 그 대가로 일정 기간동안 시설운영권을 받아 운영수익을 획득하는 방식을 BTO방식이라고 한다.

④ 사업주가 준공 후 소유권을 취득하여, 그 시설을 운영하는 방식으로, 소유권이 사업주에게 귀속되는 방식을 BOO방식이라고 한다.

⑤ 학교, 문화시설 등 시설이용자로부터 사용료를 징수하기 어려운 사회기반시설은 BTL을 주로 활용한다.

⑥ 민간사업자가 자금을 조달하여 시설을 건설하고 일정기간 동안 타인에게 임대하고, 임대 종료 후 국가 또는 지방자치단체 등에게 시설의 소유권을 이전하는 방식을 BLT라고 한다.

82. 부동산 관리방식에 대한 다음의 설명 중 틀린 것을 고르면?

① 위탁관리는 관리의 전문성과 효율성을 제고할 수 있다.

② 포트폴리오 관리, 투자의 위험관리는 자산관리의 영역이다.

③ 직접(자치)관리 방식은 업무의 기밀유지에는 유리하나, 업무행위의 안일화를
초래할 수 있는 단점이 있다.

④ 경제적 측면의 부동산 관리는 대상 부동산의 물리적 · 기능적 하자의 유무를
판단하여 필요한 조치를 취하는 것이다.

⑤ 시설관리(facility management)는 부동산 시설을 운영하고 유지하는 것으로
시설사용자나 기업의 요구에 따르는 소극적 관리에 해당한다.

⑥ 혼합관리방식은 필요한 부분만 선별하여 위탁하기 때문에 관리의 책임소재가
불분명해지는 단점이 있다.

83. 부동산 마케팅에 대한 설명으로 틀린 것은?

① 시장세분화 전략이란 수요자 집단을 인구 · 경제적 특성에 따라 구분하는 전략을
의미한다.

② 마케팅믹스에서 촉진관리는 판매유인과 직접적인 인적판매 등이 있다.

③ 분양 성공을 위해 아파트 브랜드를 고급스러운 이미지로 고객의 인식에 각인시키도
록 하는 노력은 STP전략 중 포지셔닝(positioning)전략에 해당한다.

④ STP란 고객집단을 세분화(Segmentation)하고 표적시장을 선정(Targeting)하여
판매촉진(Promotion)을 하는 전략이다.

⑤ AIDA는 주의(attention), 관심(interesting), 욕망(desire), 행동(action)의 단계가 있다.

84. 부동산 마케팅에 대한 설명으로 옳은 것은?

① 시장점유전략은 공급자 측면의 접근으로 목표시장을 선점하거나 점유율을 높이는
것을 말한다.

② 관계마케팅은 소비자의 구매의사결정 과정의 각 단계에서 소비자와의 심리적인 접
점을 마련하고 전달하려는 정보의 취지와 강약을 조절하는 것을 말한다.

③ 아파트의 차별화를 위해 커뮤니티 시설에 헬스장, 골프연습장을 설치하는 방안은 경로(Place)전략에 해당한다.

④ 시장 세분화(segmentation)전략이란 표적시장의 반응을
빠르고 강하게 자극·유인하는 전략을 말한다.

⑤ 마케팅믹스의 가격관리에서 시가정책은 위치, 방위, 층,
지역 등에 따라 다른 가격으로 판매하는 정책이다.

85. 지역분석과 개별분석에 대한 설명으로 틀린 것은?

① 대상부동산의 최유효이용을 판정하기 위해 개별분석이 필요하다.

② 동일수급권이란 대상부동산과 대체·경쟁 관계가 성립하고 가치 형성에 서로 영향을 미치는 관계에 있는 다른 부동산이 존재하는 권역을 말하며, 인근지역과 유사지역을 포함한다.

③ 개별분석은 대상부동산에 대한 미시적·국지적 분석인데 비하여, 지역분석은 대상지역에 대한 거시적·광역적 분석이다.

④ 지역분석은 개별분석의 선행분석으로, 해당 지역 내 부동산의 표준적 이용과 구체적 가격을 파악하는 것이 목적이다.

⑤ 지역분석은 적합의 원칙과 관련이 있고, 개별분석은 균형의 원칙과 관련이 있다.

86. 부동산 가격 제원칙과 관련된 다음 설명 중 틀린 것은?

① 대체의 원칙은 유사 부동산과의 가격 연관성을 다루는 원칙으로 감정평가 기법중 거래사례비교법과 관련이 있다.

② 적합의 원칙이란 유용성이 최고로 발휘되기 위해서는 부동산 구성요소의 결합이 중요하다는 원칙이다.

③ 점포의 입지선정을 위해 지역분석을 통해 표준적 이용을 판단하는 것은 적합의 원칙과 밀접한 관련이 있다.

④ 균형의 원칙이란 부동산의 가격이 최고조가 되려면 투입되는 생산요소간의 조화가 중요하다는 원칙이다.

⑤ 예측의 원칙에 따라 부동산은 장래의 활용 및 수익가능성이 중시되므로 이는 수익환원법의 토대가 될 수 있다.

87. 감정평가방식에 대한 다음 설명 중 옳은 것은?

① 원가방식은 원가법 및 적산법 등 시장성의 원리에 기초한 감정평가방식을 의미한다.
② 거래사례비교법은 비용성에 근거하는 평가방식으로서 가격을 구할 때는 거래사례비교법을 활용한다.
③ 3방식에 의해 산정한 적산가액, 비준가액, 수익가액을 최종평가액이라고 한다.
④ 비교방식에는 거래사례기준법, 임대사례비교법등 시장성의 원리에 기초한 감정평가방식 및 공시지가비교법이 있다.
⑤ 수익방식은 수익성을 근거로 가액을 산정하는 수익환원법과 임대료를 산정하는 수익분석법이 있다.

88. 원가법의 감가수정과 관련된 설명으로 옳은 것은?

① 감가수정시의 내용연수는 일반적으로 물리적 내용연수를 기준으로 한다.
② 감가수정방법에는 내용연수법, 관찰감가법, 분해법 등이 있다.
③ 정률법이란 내용연수가 만료될 때 감가누계상당액과 그에 대한 복리계산의 이자상당액분을 포함하여 당해 내용연수로 상환하는 방법이다.
④ 정률법에서는 감가누계액이 경과연수에 정비례하여 증가한다.
⑤ 정률법은 매년 일정한 감가율을 곱하여 감가액을 구하는 방법으로 매년 감가액이 일정하다.

89. 원가법에 의한 대상 부동산의 적산가액은?

- 사용승인일 신축공사비 : 6천만원
  (신축공사비는 적정함)
- 사용승인일 : 2022. 9. 1.
- 기준시점 : 2024. 9. 1.
- 건축비상승률 : 매년 전년대비 5% 상승
- 경제적 내용연수 : 50년
- 감가수정방법 : **정액법**
- 내용연수 만료시 잔가율 : 10%

90. 원가법에 의한 대상 부동산의 적산가액은?

- 신축공사비: 8,000만원
- 준공시점: 2022년 9월 30일
- 기준시점: 2024년 9월 30일
- 공사비 상승률: 매년 전년대비 5% 상승
- 전년 대비 잔가율: 80%
- 신축공사비는 준공당시 재조달원가로 적정하며, 공장건물이 설비에 가까운 점을 고려하여 **정률법**을 적용

91. 거래사례비교법에 의한 비준가액은?

- 대상토지: A시 B동 150번지, 토지 130m², 제3종 일반주거지역
- 기준시점: 2024년. 9. 1.
- 거래사례의 내역 – 소재지 및 면적: A시 B동 123번지 토지 100m²
  용도지역: 제3종 일반주거지역
  거래사례가격: 3억원
  거래시점: 2024. 3. 1 (거래사례의 사정보정 요인은 없음)
- 지가변동률 (2024. 3. 1. ~ 9. 1.)
  A시 공업지역 4% 상승, A시 주거지역 5% 상승
- 지역요인 : 대상토지는 거래사례의 인근지역에 위치함
- 개별요인 : 대상토지는 거래사례에 비해 3% 열세하고 획지조건은 5% 우세하며 기타 요인은 일정함
- 상승식으로 계산할 것

92. 공시지가기준법에 대한 설명으로 틀린 것은?

① 공시지가기준법은 표준지공시지가를 기준으로 대상 토지에 맞게 시점수정, 지역요인 및 개별요인 비교, 그 밖의 요인의 보정을 거쳐 대상 토지의 가액을 산정하는 방법이다.

② 시점수정시에는 비교표준지가 있는 시·군·구의 같은 용도지역의 지가변동률을 적용한다.

③ 공시지가기준법 적용에 따른 시점수정시 지가변동률을 적용하는 것이 적절하지 아니하면 한국은행이 조사·발표하는 생산자물가상승률을 적용한다.

④ 적정한 실거래가가 있는 경우 이를 기준으로 토지를 감정평가할 수 있다.

⑤ 적정한 실거래가란 신고된 가격으로 도시지역은 5년 이내, 그 밖의 지역은 3년 이내의 거래가격을 의미한다.

93. 공시지가기준법으로 산정한 대상 토지의 가액은? (주어진 조건에 한함)

- 대상토지 : A시 B구 C동 175번지, 일반상업지역, 상업나지
- 기준시점 : 2024.04.24.
- 비교표준지 : 2024년 1월 1일 기준가격
  ㉠ C동 183번지, 일반상업지역, 상업용 : 공시지가: 6,000,000원/m^2
  ㉡ C동 134번지, 일반상업지역, 공업용 : 공시지가: 4,000,000원/m^2
  ㉢ C동 154번지, 일반공업지역, 상업용 : 공시지가: 5,000,000원/m^2
- 지가변동률 (2024. 1. 1. ~ 2024. 4. 24)
  : 상업지역은 2% 상승하고, 공업지역은 3% 상승함
- 지역요인: 비교표준지는 인근지역에 위치
- 개별요인: 대상토지는 비교표준지 ㉠에 비해 가로조건에서 5% 우세하고 환경조건에서 10% 열세이고 ㉢에 비해 접근조건에서 20% 우세하다.
- 그 밖의 요인보정 : 대상토지 인근지역의 가치형성요인이 유사한 정상적인 거래사례 및 평가사례 등을 고려하여 그 밖의 요인으로 20% 증액 보정함

94. 수익환원법으로 산정한 수익가액은?

- 가능총소득(PGI): 1억원
- 공실손실상당액 및 대손충당금: 가능총소득의 5%
- 재산세: 300만원
- 화재보험료: 200만원
- 영업소득세: 400만원
- 건물주 개인업무비: 500만원
- 토지가액 : 건물가액 = 40% : 60%
- 토지환원이율: 5 %
- 건물환원이율: 10 %

95. 감정평가에 관한 규칙에 대한 설명으로 옳은 것은?

① 기준시점이란 대상물건의 감정평가액을 결정하는 기준이 되는 날짜로, 가격조사를 개시한 날짜로 하는 것이 원칙이다.

② 하나의 대상물건이라도 가치를 달리하는 부분은 이를 일괄하여 감정평가하는 것이 원칙이다.

③ 감정평가법인등은 대상물건의 특성에 비추어 사회통념상 필요하다고 인정되는 경우에는 대상물건의 감정평가액을 시장가치 외의 가치를 기준으로 결정할 수 있다.

④ 임대료를 평가할 때는 수익분석법을 쓰는 것이 원칙이다.

⑤ 자동차를 감정평가할 때에 원가법을 적용하여야 하나, 본래 용도의 효용가치가 없는 물건은 해체처분가액으로 평가한다.

96. 감정평가에 관한 규칙에 대한 설명으로 옳은 것은?

① 통상적인 시장에서 충분한 기간 동안 거래를 위해 공개된 후 정통한 당사자 사이에 신중하고 자발적 거래가 있을 경우 성립될 가능성이 높다고 인정되는 가액을 정상 가치라고 한다.

② 인근지역이란 감정평가의 대상이 된 부동산이 속한 지역으로서 부동산의 이용이 동질적이고 가치형성요인 중 개별요인을 공유하는 지역을 말한다.

③ 동일수급권이란 대상부동산과 대체·경쟁 관계가 성립하고 가치형성에 서로 영향을 미치는 관계에 있는 다른 부동산이 존재하는 권역을 말하며, 인근지역과 유사지역을 제외한다.

④ 가치형성요인은 시장가치에 영향을 미치는 일반, 지역, 개별요인등을 말한다.

⑤ 유사지역이란 대상부동산이 속하지 아니하는 지역으로서 인근지역과 유사한 특성을 갖는 지역을 말한다.

97. 감정평가에 관한 규칙에 대한 설명으로 옳은 것은?

① 적산법은 기초가액에 기대이율을 곱하여 기대수익을 산정한 후 필요제경비를 합산하여 적산임료를 산정하는 방법이다.

② 거래사례비교법이란 대상물건과 같거나 비슷한 거래사례와 비교하여 대상물건에 맞게 사정보정, 시점수정, 가치형성요인 비교 등의 과정을 거쳐 임대료를 산정하는 방법이다.

③ 수익분석법이란 대상물건이 장래 산출할 것으로 기대되는 순수익이나 미래의 현금흐름을 환원하거나 할인하여 대상물건의 가액을 산정하는 감정평가방법을 말한다.

④ 공시지가기준법은 수익방식에 근거한 평가방법이다.

⑤ 원가법이란 대상물건의 재조달원가에 감가수정을 하여 대상물건의 임대료를 산정하는 감정평가방법을 말한다.

98. 물건별 평가방법 중 거래사례비교법을 활용하는 것을 모두 고르면?

(ㄱ) 건물

(ㄴ) 광업재단

(ㄷ) 동산

(ㄹ) 어업권

(ㅁ) 항공기

(ㅂ) 과수원

(ㅅ) 산지와 입목을 일괄하여 평가

(ㅇ) 소경목림

(ㅈ) 입목

(ㅊ) 상장주식 및 채권

99. 부동산 가격공시제도와 관련된 설명으로 옳은 것은?

① 국토교통부장관은 표준지공시지가를 조사산정하고자 할 때에는 한국부동산원에 의뢰한다.

② 표준지 공시지가는 국가지방자치단체 등이 그 업무와 관련하여 개별주택가격을 산정하는 경우에 그 기준이 된다.

③ 국토교통부장관은 공시기준일 이후에 분할·합병 등이 발생한 토지에 대하여는 대통령령으로 정하는 날을 기준으로 하여 개별공시지가를 결정·공시하여야 한다.

④ 국토교통부장관은 공동주택 중에서 선정한 표준주택에 대하여 매년 공시기준일 현재 적정가격을 조사·산정하고, 중앙 부동산가격공시위원회의 심의를 거쳐 이를 공시하여야 한다.

⑤ 시장·군수·구청장이 개별주택가격을 결정·공시하는 경우에는 해당 주택과 유사한 이용가치를 지닌다고 인정되는 표준주택가격을 기준으로 주택가격비준표를 사용하여 가격을 산정한다.

100. 부동산 가격공시제도와 관련된 설명으로 틀린 것은?

① 표준지로 선정된 토지에 대하여 개별공시지가를 결정·공시하지 아니할 수 있다.

② 개별공시지가에 이의가 있는 자는 그 결정·공시일부터 30일 이내에 서면으로 시장·군수 또는 구청장에게 이의를 신청할 수 있다.

③ 농지보전부담금 및 개발부담금의 부과대상이 아닌 토지는 개별공시지가를 결정·공시하지 아니할 수 있다.

④ 표준주택가격 및 공동주택가격은 주택시장의 가격정보를 제공하고, 국가지방자치단체 등이 과세 등의 업무와 관련하여 주택의 가격을 산정하는 경우에 그 기준으로 활용될 수 있다.

⑤ 표준지의 도로상황은 표준지공시지가의 공시사항에 포함될 항목이다.

MEMO

2회독 복습문제

1. 표준산업분류상 부동산업에 대한 설명으로 틀리게 설명된 것은?

① 표준산업분류상 부동산업은 부동산 임대 및 공급업, 관련 서비스업으로 분류된다.
② 부동산 관련 서비스업은 부동산 관리업, 중개업, 자문 및 평가업으로 구분된다.
③ 부동산 관리업은 부동산 임대 및 공급업에 포함된다.
④ 부동산 관련 서비스업 중 부동산 관리업은 주거용 부동산 관리업과 비주거용 부동산 관리업으로 분류된다.
⑤ 부동산 투자 자문업과 부동산 중개 및 대리업은 표준산업분류상 부동산 관련 서비스업에 포함된다.

2. 부동산의 복합개념에 대한 설명으로 옳은 것은?

① 복합부동산이란 부동산을 법률적, 경제적, 기술적 측면 등의 복합된 개념으로 이해하는 것을 말한다.
② 민법상 부동산에는 토지 및 정착물외에 준부동산이 포함된다.
③ 경제적 개념의 부동산은 생산요소, 자산, 공간, 자연등을 의미한다.
④ 넓은 의미의 부동산에는 좁은 의미의 부동산에 의제부동산이 포함된다.
⑤ 준(準)부동산은 부동산과 유사한 공시방법을 갖춤으로써 좁은 의미의 부동산에 포함된다.

3. 부동산의 법률적 개념에 대한 설명으로 틀린 것은?

① 토지의 정착물은 토지의 일부로 간주되는 것과 토지와는 서로 다른 부동산으로 간주되는 것으로 구분된다.
② 구거(溝渠)는 토지의 일부로 간주되는 정착물이다.
③ 소유권 보존 등기된 입목(立木)과 명인방법에 의한 수목은 독립정착물로 간주된다.
④ 경작 수확물은 정착물로 간주된다.
⑤ 공장재단은 준(準)부동산으로서 넓은 의미의 부동산에 포함되며, 복합개념 중 법률적 개념의 부동산에 해당한다.

4. 토지의 분류에 대한 설명으로 옳은 것은?

① 택지는 도로에 직접 연결되지 않은 토지이다.

② 건폐율·용적률의 제한으로 건물을 짓지 않고 남겨둔 토지를 나지라고 한다.

③ 공지는 지력회복을 위해 정상적으로 쉬게 하는 토지를 말한다.

④ 이행지는 택지지역·농지지역·임지지역 상호간에 다른 지역으로 전환되고 있는 일단의 토지를 말한다.

⑤ 필지는 공간정보의 구축 및 관리등에 관한 법령과 부동산 등기법령에서 정한 하나의 등록단위로 표시하는 토지이다.

5. 주택의 분류와 관련된 설명으로 옳은 것은?

① 다세대주택은 주택으로 쓰는 1개 동의 바닥면적 합계가 330m² 이하이고, 층수가 5개 층 이하인 주택이다.

② 연립주택은 주택으로 쓰는 1개 동의 바닥면적 합계가 660m² 이하이고, 층수가 4개 층 이하인 주택이다.

③ 학교 또는 공장 등의 학생 또는 종업원 등을 위하여 쓰는 것으로서 1개 동의 공동취사시설 이용 세대 수가 전체의 50퍼센트 이상인 주택을 기숙사라고 한다.

④ 다세대주택은 학생 또는 직장인등 여러 사람이 장기간 거주할 수 있는 구조로 되어 있는 주택을 의미한다.

⑤ 도시형생활주택은 350세대 미만의 국민주택규모에 해당하는 주택이다.

6. 토지의 특성과 관련된 설명으로 틀린 것은?

① 토지는 부증성으로 인해서 물리적 관점에 대해서는 장·단기적으로 완전비탄력적이다.

② 지리적 위치의 고정성으로 인하여 토지시장은 국지화된다.

③ 부증성은 지대 또는 지가를 발생시키며, 최유효이용의 근거가 된다.

④ 부증성 때문에 이용전환을 통한 토지의 용도적 공급은 불가능하다.

⑤ 부증성으로 인해 토지의 공급조절이 어렵고, 소유욕구가 증대된다.

7. 부동산의 수요 및 공급에 관한 설명으로 옳은 것은?

① 수요량은 일정 기간에 실제로 구매한 수량이다.

② 주택재고, 가계자산, 신규주택공급량, 자본총량은 저량이다.

③ 아파트 가격 상승이 예상되면 수요량의 변화로 동일한 수요곡선상에서 상향으로 이동하게 된다.

④ 담보대출 금리가 상승하면 수요량의 변화로 동일한 수요곡선상에서 하향으로 이동하게 된다.

⑤ 가격이외의 다른 요인이 수요량을 변화시키면 수요곡선자체의 변화가 나타난다.

8. 부동산의 수요에 관한 설명으로 옳은 것은?

① 보완재의 가격하락은 수요곡선을 우측으로 이동시킨다.

② 대체주택 가격하락은 수요곡선을 우측으로 이동시킨다.

③ 아파트의 가격이 하락하면 대체재인 오피스텔의 수요를 증가시키고 오피스텔의 가격을 상승시킨다.

④ 해당 부동산 가격의 하락은 수요곡선을 우측으로 이동시킨다.

⑤ 부동산 가격상승에 대한 기대감은 수요곡선의 좌측이동 요인이다.

9. 부동산의 공급과 관련된 설명으로 틀린 것은?

① 공급량은 주어진 가격수준에서 공급자가 공급하고자 하는 최대수량이다.

② 해당 가격이 변하여 공급량이 변하면 다른 조건이 불변일 때 동일한 공급곡선상에서 점의 이동이 나타난다.

③ 주택가격이 상승하면 주택용지의 공급이 증가한다.

④ 물리적 토지공급량이 불변이라면 토지의 물리적 공급은 토지가격 변화에 대해 완전비탄력적이다.

⑤ 신축 원자재 가격의 상승은 단기적으로 주택가격을 상승시키는 요인이 된다.

10. 수요공급의 변화에 따른 균형의 이동에 대한 설명으로 옳은 것은?

① 공급이 불변이고 수요가 감소하는 경우, 새로운 균형가격은 상승하고 균형거래량은 감소한다.

② 공급의 감소가 수요의 감소보다 큰 경우, 새로운 균형가격은 하락하고 균형거래량은 감소한다.

③ 수요의 증가폭이 공급의 증가폭보다 작다면 균형가격은 상승하고 균형량은 감소한다.

④ 수요가 증가하고, 공급이 감소하게 되면 균형가격은 하락하나, 균형거래량은 그 변화를 알 수가 없다.

⑤ 수요와 공급이 동시에 동일한 폭으로 감소한다면, 균형가격은 변하지 않으나, 균형거래량은 감소한다

11. 수요와 공급의 변화에 따른 균형의 이동에 대한 설명으로 옳은 것은?

① 부동산 수요가 증가할 때 부동산 공급곡선이 탄력적일수록 부동산 가격은 더 크게 상승한다.

② 부동산 수요가 증가하면 부동산 공급이 비탄력적일수록 균형가격이 더 작게 상승한다.

③ 수요의 가격탄력성이 완전탄력적인 경우에 공급이 증가하면 균형가격은 변하지 않고 균형거래량은 증가한다.

④ 수요의 가격탄력성이 완전탄력적일 때 공급이 증가할 경우 균형거래량은 변하지 않는다.

⑤ 공급이 완전비탄력적일 때 수요가 증가하면 균형가격은 상승하고, 균형거래량은 증가하게 된다.

12. 다음 조건을 고려하여 균형가격(ㄱ)과 균형거래량(ㄴ)가 수요곡선의 기울기 절대값(ㄷ)의 변화를 각각 추정하면?

○ 수요함수 : $Q_{D1} = 70 - P$ (변화 전) → $Q_{D2} = 120 - \frac{1}{2}P$ (변화 후)

○ 공급함수 : $Q_S = 2P - 80$

13. 수요의 가격탄력성에 대한 설명으로 틀린 것은?

① 수요의 가격탄력성은 해당 재화의 가격변화율에 대한 수요량의 변화율을 측정한 것이다.

② 미세한 가격변화에 수요량이 무한히 크게 변한다면, 이는 수요가 완전탄력적이라는 의미이다.

③ 수요의 가격탄력성이 비탄력적이라는 것은 가격변화율에 비해 수요량의 변화율이 작다는 것이다.

④ 수요의 가격탄력성이 완전비탄력적이면 가격의 변화와는 상관없이 수요량이 고정된다.

⑤ 수요곡선이 수직선이면 수요의 가격탄력성은 완전탄력적이다.

14. 수요와 공급의 가격탄력성에 대한 설명으로 틀린 것은?

① 일반적으로 부동산 수요에 대한 관찰기간이 길어질수록 수요의 가격탄력성은 커진다.

② 오피스텔에 대한 대체재가 감소함에 따라 오피스텔 수요곡선의 기울기는 점점 급해진다.

③ 일반적으로 임대주택을 건축하여 공급하는 기간이 짧을수록 공급의 가격탄력성은 작아진다.

④ 수요가 단위 탄력적일 경우, 임대주택의 임대료가 하락하더라도 전체 임대료 수입은 불변한다.

⑤ 수요의 가격탄력성이 1보다 작을 경우 전체 수입은 주택 임대료가 상승함에 따라 증가한다.

15. 아파트 매매가격이 5% 상승할 때, 아파트 매매수요량이 10% 감소하고 오피스텔 매매수요량이 8% 증가하였다. 이때 아파트 매매수요의 가격 탄력성의 정도(A), 오피스텔 매매수요의 교차탄력성(B), 아파트에 대한 오피스텔의 관계(C)는? (가격탄력성은 절댓값, 다른 조건은 동일)

16. 어느 지역의 오피스텔에 대한 수요의 가격탄력성은 0.8이고 소득탄력성은 0.6이다. 오피스텔 가격이 5% 상승함과 동시에 소득이 변하여 전체 수요량이 2% 증가하였다면, 이 때 소득의 변화율은? (오피스텔은 정상재, 가격탄력성은 절대값, 다른 조건은 동일함)

17. 아파트에 대한 수요의 가격탄력은 0.5, 소득탄력성은 0.4이고, 오피스텔 가격에 대한 아파트 수요량의 교차탄력성은 0.8이다. 아파트 가격, 아파트 수요자의 소득, 오피스텔 가격이 각각 5%씩 상승할 때, 아파트 전체 수요량의 변화율은? (아파트와 오피스텔은 대체재이며, 아파트에 대한 수요의 가격탄력성은 절댓값으로 나타내며, 다른 조건은 동일함)

18. 부동산 경기변동과 관련된 설명으로 옳은 것은?

① 부동산 경기는 일반경기와 같이 일정한 주기와 동일한 진폭으로 규칙적이고 안정적으로 반복되며 순환된다.

② 하향국면은 매수자가 중시되고, 과거의 거래사례가격은 새로운 거래가격의 하한이 되는 경향이 있다.

③ 회복국면은 매수자가 중시되고, 과거의 거래사례가격은 새로운 거래의 기준가격이 되거나 하한이 되는 경향이 있다.

④ 부동산 경기변동은 일반 경기변동에 비해 정점과 저점 간의 진폭이 작다.

⑤ 상향국면에서 직전국면 저점의 거래사례가격은 현재 시점에서 새로운 거래가격의 하한이 되는 경향이 있다.

19. 거미집 모형에 관한 설명으로 틀리게 연결된 것은? (Qd는 수요량, Qs는 공급량을 의미하며, 탄력성과 기울기는 절대값으로 비교한다.)

(ㄱ) 수요곡선의 기울기 : -0.7, 공급곡선의 기울기: 0.6

(ㄴ) 수요의 가격탄력성의 절대값이 공급의 가격탄력성이 절대값보다 클 때

(ㄷ) A시장 : Qd=100-P, 2Qs = -10+P

(ㄹ) B시장 : Qd=500-2P, 2Qs = 50+4P

(ㅁ) C시장 : $Qd = 100 - \frac{1}{2}P$, Qs = 40+2P

① (ㄱ) : 발산형
② (ㄴ) : 수렴형
③ (ㄷ) : 수렴형
④ (ㄹ) : 발산형
⑤ (ㅁ) : 발산형

20. 부동산 시장에 대한 설명으로 옳은 것은?

① 부동산 시장은 진입장벽이 존재하지 않으므로 불완전경쟁 시장이 된다.
② 장기보다 단기에서 공급의 가격탄력성이 크므로 단기적으로는 수급조절이 용이한 편이다.
③ 특정 지역에 소수의 수요자와 공급자가 존재하는 불완전경쟁시장이다.
④ 개별성으로 인하여 일반 재화에 비해 표준화가 용이한 편이다.
⑤ 부증성으로 인하여 특정한 지역에 국한되는 시장의 지역성 혹은 지역 시장성이 존재한다.

21. 부동산 시장에 대한 설명으로 틀린 것은?

① 일반적으로 매수인의 제안가격과 매도인의 요구가격 사이에서 가격이 형성된다.

② 부동산의 유형, 규모, 품질 등에 따라 구별되는 하위시장이 존재한다.

③ 이용의 비가역적 특성 때문에 일반재화에 비해 의사결정지원분야의 역할이 더욱 중요하다.

④ 시장의 분화현상은 경우에 따라 부분시장별로 시장의 불균형을 초래하기도 한다.

⑤ 정보의 대칭성으로 인해 부동산 가격의 왜곡현상이 나타나기도 한다.

22. 주거분리와 여과현상에 대한 설명으로 틀린 것은?

① 주택 여과과정은 주택의 질적 변화 및 수요자의 소득변화에 따른 연쇄적 가구이동 현상이다.

② 고소득층 주택의 개량비용이 개량 후 주택가치의 상승분보다 크다면 상향여과과정이 발생하기 쉽다.

③ 상위계층에서 사용되는 기존주택이 하위계층에서 사용되는 것을 하향여과라 한다.

④ 저급주택이 수선되거나 재개발되어 상위계층에서 사용되는 것을 상향여과라고 한다.

⑤ 공가(空家)는 여과의 중요한 전제조건이다.

23. 주거분리와 여과현상에 대한 설명으로 틀린 것은?

① 저소득가구의 침입과 천이 현상으로 인하여 주거입지의 변화가 야기될 수 있다.

② 주거분리는 소득에 따라 주거지역이 지리적으로 나뉘는 현상이다.

③ 정(+)의 외부효과를 추구하고, 부(-)의 외부효과를 회피하려는 동기에서 주거분리 현상이 발생한다.

④ 고소득층 주거지와 저소득층 주거지가 인접한 경우, 경계지역 부근의 저소득층 주택은 할인되어 거래되고 고소득층 주택은 할증되어 거래된다.

⑤ 주택의 하향여과 과정이 원활하게 작동하면 저급주택의 공급량이 증가한다.

24. 효율적 시장에 대한 설명으로 틀린 것은?

① 약성 효율적 시장에서는 과거의 역사적 자료를 분석하여 정상이윤을 초과하는 이윤을 획득할 수 없다.

② 준강성 효율적 시장은 공식적으로 이용가능한 정보를 기초로 기본적 분석을 하여 투자해도 초과이윤을 얻을 수 없다.

③ 강성효율적 시장은 공표된 것이건 그렇지 않은 것이건 어떠한 정보도 이미 가치에 반영되어 있는 시장이다.

④ 강성효율적 시장에서는 아직 공표되지 않은 정보를 분석해서 초과이윤을 얻을 수 있다.

⑤ 부동산 시장은 불완전경쟁시장이지만 할당효율적 시장이 될 수 있다.

25. 대형마트가 개발된다는 다음과 같은 정보가 있을 때 합리적인 투자자가 최대한 지불할 수 있는 이 정보의 현재가치는?

- 대형마트 개발예정지 인근에 일단의 A토지가 있다.
- 2년 후 대형마트가 개발될 가능성은 40%로 알려져 있다.
- 2년 후 대형마트가 개발되면 A토지의 가격은 15억 4,000만원, 개발되지 않으면 8억 2,000만원으로 예상된다.
- 투자자의 요구수익률(할인율)은 연 20%이다..

① 2억원　　② 2억 5000만원　　③ 3억원　　④ 3억 5000만원　　⑤ 4억원

26. 지대이론에 대한 설명으로 옳은 것은?

① 절대지대설은 비옥도를 중시하며, 비옥한 토지의 희소성과 수확체감의 법칙을 전제한다.

② 마르크스에 따르면 지대는 우등지와 열등지의 생산성과의 차이에 의해 결정된다.

③ 튀넨에 따르면 지대는 중심지에서 거리가 멀어짐에 따라 지대가 점점 증가하는 증가함수이다.

④ 차액지대설에 따르면 한계지의 지대는 존재하지 않는다.

⑤ 튀넨에 의하면 도심에 가까울수록 조방 농업이 입지하고, 교외로 갈수록 집약농업이 입지한다.

27. 지대이론에 대한 설명으로 틀린 것은?

① 준지대는 토지 이외의 고정생산요소에 귀속되는 소득으로서 영구적으로 지대의 성격을 가지지는 못한다.

② 마샬에 의하면 준지대는 생산을 위하여 사람이 만든 기계나 기구들로부터 얻는 소득이다.

③ 어떤 생산요소가 다른 용도로 전용되지 않고 현재의 용도에 그대로 사용되도록 지급하는 최소한의 지급액을 경제지대라고 한다.

④ 입찰지대곡선은 여러 개의 지대곡선 중 가장 높은 부분을 연결한 우하향하는 포락선이다.

⑤ 헤이그의 마찰비용이론에서는 교통비와 지대를 마찰비용으로 본다.

28. 입지이론에 관한 설명 중 틀린 것은?

① 베버는 최소비용으로 제품을 생산할 수 있는 곳을 기업의 최적입지지점으로 본다.

② 크리스탈러에 의하면 재화의 도달범위란 중심지 기능이 유지되기 위한 최소한의 수요요구 규모를 의미한다.

③ 레일리는 중심지가 소비자에게 미치는 영향력의 크기는 중심지의 크기에 비례하고 거리의 제곱에 반비례한다고 보았다.

④ 컨버스는 경쟁관계에 있는 두 소매시장간 상권의 경계지점을 확인할 수 있도록 소매중력모형을 수정하였다.

⑤ 넬슨은 특정 점포가 최대 이익을 얻을 수 있는 매출액을 확보하기 위해서는 어떤 장소에 입지하여야 하는지를 제시하였다.

29. 입지 및 상권이론에 대한 설명으로 틀린 것은?

① 베버에 의하면 중량감소산업이거나 원료지수가 1보다 큰 경우, 원료지향형 입지가 유리하다.

② 크리스탈러에 의하면 중심지 성립요건은 최소요구범위가 재화의 도달범위 내에 있을 때이다.

③ 컨버스는 소비자들의 특정 상점의 구매를 설명할 때 실측거리, 시간거리, 매장규모와 같은 공간요인뿐만 아니라 효용이라는 비공간요인도 고려하였다.

④ 허프는 소비자가 특정 점포를 이용할 확률은 점포와의 거리, 경쟁점포의 수와 면적에 의해서 결정된다고 보았다.

⑤ 크리스탈러는 공간적 중심지 규모의 크기에 따라 상권의 규모가 달라진다는 것을 실증하였다.

30. 레일리(W. Reilly)의 소매중력모형에 따라 C신도시의 소비자가 A도시와 B도시에서 소비하는 월 추정소비액은 각각 얼마인가?

- A도시 인구: 75,000명, B도시 인구: 32,000명
- C신도시: A도시와 B도시 사이에 위치
- A도시와 C신도시 간의 거리: 5km
- B도시와 C신도시 간의 거리: 4km
- C신도시 소비자의 잠재 월 추정소비액: 5억원

① ㄱ: 1억 , ㄴ: 4억   ② ㄱ: 2억 , ㄴ: 3억

③ ㄱ: 3억 , ㄴ: 2억   ④ ㄱ: 4억 , ㄴ: 1억

⑤ ㄱ: 4억 5000만원 , ㄴ: 5000만원

31. 컨버스의 분기점 모형에 기초할 때, A시와 B시의 상권 경계지점은 A시로부터 얼마만큼 떨어진 지점인가? (단, 주어진 조건에 한함)

- A시와 B시는 동일 직선상에 위치하고 있다.
- A시 인구: 32,000명
- B시 인구: 8,000명
- A시와 B시 사이의 직선거리: 9km

32. 허프 모형을 활용하여, X지역의 주민이 할인점 C를 방문할 확률과 할인점 C의 월 추정매출액을 순서대로 나열한 것은?

○ X지역의 현재 주민: 8,000명
○ 1인당 월 할인점 소비액: 50만원
○ 공간마찰계수: 2
○ X지역의 주민은 모두 구매자이고, A, B, C 할인점에서만 구매한다고 가정함

33. 도시내부구조이론에 관한 설명으로 틀린 것은?

① 해리스와 울만의 다핵심이론은 몇 개의 분리된 핵이 점진적으로 통합됨에 따라 전체적인 도시구조가 형성된다는 이론이다.
② 버제스의 동심원이론에 따르면 천이지대는 고소득층 지대보다 도심에서 멀리 입지한다.
③ 해리스와 울만에 따르면 유사한 도시활동은 집적으로부터 발생하는 이익 때문에 집중하려는 경향이 있다.
④ 호이트는 도시성장과 분화가 주요 교통망에 따라 부채꼴 모양으로 확대된다고 보았다.
⑤ 선형이론에 의하면 고소득층 주거지는 주요 교통노선을 축으로 하여 접근성이 양호한 지역에 입지하는 경향이 있다.

34. 시장실패 및 정부의 시장개입에 대한 설명으로 틀린 것은?

① 공공재, 외부효과, 정보의 비대칭성, 재화의 이질성은 부동산 시장실패 요인이 된다.

② 공공재는 경합성과 배제성으로 인하여 생산을 시장기구에 맡기면 과소생산되는 경향이 있다.

③ 한 사람의 행위가 의도하지 않게 제3자의 경제적 후생에 영향을 미치지만, 그에 대한 보상이 이루어지지 않는 현상을 외부효과라고 하며, 이는 시장실패의 원인이 된다.

④ 개발부담금 부과는 정부의 간접적 시장개입수단이다.

⑤ 담보인정비율(LTV) 및 총부채상환비율(DTI)의 강화는 시장개입수단 중 금융규제이자 간접적 개입방식이다.

35. 토지정책에 대한 설명으로 옳은 것은?

① 재건축부담금은 현재 개발이익환수에 관한 법률에 의해 시행되고 있다.

② 토지선매란 토지거래 허가구역내에서 허가신청이 있을 때 공익목적을 위하여 사적 거래에 우선하여 국가, 지자체, 한국토지주택공사 등이 그 토지를 수용할 수 있는 제도이다.

③ 토지거래허가제는 토지에 대한 개발과 보전의 문제가 발생했을 때 이를 합리적으로 조정하는 제도이다.

④ 개발권양도제는 개발이 제한되는 지역의 토지 소유권에서 개발권을 분리하여 개발이 필요한 다른 지역에 토지의 소유권을 양도하게 하는 제도이다.

⑤ 정부는 한국토지주택공사(LH)를 통하여 토지비축업무를 수행할 수 있다.

36. 토지정책에 대한 설명으로 틀린 것은?

① 토지은행의 비축토지는 각 지방자치단체에서 직접 관리하기 때문에 관리의 효율성을 기대할 수 있다.

② 토지거래계약에 관한 허가구역은 투기적인 거래가 성행하거나 지가가 급격히 상승하는 지역을 대상으로 지정될 수 있다.

③ 지구단위계획을 통해, 토지이용을 합리화하고 그 기능을 증진시키며 미관을 개선하고 양호한 환경을 확보할 수 있다.

④ 토지거래허가구역으로 지정된 지역에서 토지거래계약을 체결할 경우 시장·군수 또는 구청장의 허가를 받아야 한다.

⑤ 개발부담금제는 개발사업의 시행으로 이익을 얻은 사업시행자로부터 개발이익의 일정액을 환수하는 제도이다.

37. 임대주택 정책에 대한 설명으로 옳은 것은?

① 규제임대료가 균형임대료보다 높아야 주거비 부담 완화 효과를 기대할 수 있다.

② 국가 재정 및 주택도시기금의 지원받아 전세계약의 방식으로 공급하는 공공임대주택을 영구임대주택이라고 한다.

③ 주거급여와 주택 바우처는 모두 소비자 보조 방식이다.

④ 공공임대주택 공급정책은 주택 바우처와 같은 소비자 보조에 비해 주택 수요자의 선택의 폭을 넓혀주는 장점이 있다.

⑤ 장기전세주택은 국가나 지방자치단체의 재정이나 주택도시기금의 자금을 지원받아 대학생, 사회초년생, 신혼부부 등 젊은 층의 주거안정을 목적으로 공급되고 있다.

38. 임대주택 정책에 대한 설명으로 틀린 것은?

① 현재 우리나라에서는 공공주택특별법상 공공지원민간임대주택이 공급되고 있다.

② 정부가 저소득층에게 임차료를 보조해주면 저소득층 주거의 질적 수준이 높아질 수 있다.

③ 임대료 상한을 균형가격 이하로 규제하면 임대주택의 초과수요 현상이 발생할 수 있다.

④ 정부가 임대료를 균형가격 이하로 규제하면 민간임대주택의 공급량은 감소할 수 있다.

⑤ 국가 재정이나 및 주택도시기금의 자금을 지원받아 최저소득 계층, 저소득 서민, 젊은 층 및 장애인·국가유공자 등 사회 취약계층 등의 주거안정을 목적으로 공급하는 공공임대주택을 통합공공임대주택이라고 한다.

39. 분양주택 정책에 대한 설명으로 틀린 것은?

① 신규주택의 분양가격을 시장가격 이하로 규제하면 주택공급이 위축될 우려가 있다.

② 소비자 측면에서 후분양제도는 선분양제도보다 공급자의 부실시공 및 품질저하에 대처하기 유리하다.

③ 선분양제도는 준공 전 분양대금의 유입으로 사업자의 초기자금부담을 완화할 수 있다.

④ 사업주체가 일반인에게 공급하는 공동주택 중 공공택지에 분양하는 도시형생활주택에는 분양가상한제가 적용된다.

⑤ 주택법령상 분양가상한제 적용주택 및 그 주택의 입주자로 선정된 지위에 대하여 전매를 제한할 수 있다.

40. 아래 정책 중 현행법상 미실시중인 정책을 모두 고르면?

[보 기]

(1) 전·월세 상한제 : [실시 vs 미실시]   (7) 택지소유상한제   : [실시 vs 미실시]

(2) 종합부동산세 : [실시 vs 미실시]   (8) 분양가상한제   : [실시 vs 미실시]

(3) 토지거래허가구역 : [실시 vs 미실시]   (9) 재건축부담금제   : [실시 vs 미실시]

(4) 토지초과이득세 : [실시 vs 미실시]   (10) 실거래가신고제   : [실시 vs 미실시]

(5) 공공토지비축제도 : [실시 vs 미실시]   (11) 개발부담금제   : [실시 vs 미실시]

(6) 재개발초과이익환수 : [실시 vs 미실시]   (12) 개발권이전제(TDR) : [실시 vs 미실시]

41. 현재 시행되는 제도와 법률 연결이 틀린 것을 모두 고르면?

① 실거래가 신고 – 부동산 거래신고등에 관한 법률

② 개발부담금제 – 개발이익 환수에 관한 법률

③ 투기과열지구의 지정 – 주택법

④ 표준주택가격 공시 – 부동산가격공시에 관한 법률

⑤ 공공토지비축 – 공공토지비축에 관한 법률

⑥ 개발권양도제 – 국토의 계획 및 이용에 관한 법률

⑦ 재건축부담금 – 도시 및 주거환경정비법

⑧ 부동산실명제 – 부동산 실권리자명의 등기에 관한 법률

42. 조세정책에 대한 설명으로 옳은 것은?

① 상속세와 재산세는 부동산의 취득단계에 부과한다.

② 증여세와 종합부동산세는 부동산의 보유단계에 부과한다.

③ 양도소득세가 중과되면 매도자는 거래 성립시기를 당기려 하고, 주택 보유기간이 짧아지는 현상이 발생한다.

④ 수요의 탄력성보다 공급의 탄력성이 크다면, 부과되는 조세에 대해 수요자보다 공급자의 부담이 더 커진다.

⑤ 부가가치세와 양도소득세는 모두 국세라는 공통점이 있다.

43. 부동산 투자에 대한 설명으로 틀린 것은?

① 부동산 가격이 물가상승률과 연동하여 상승한다면 부동산은 실물자산으로서 인플레이션 햇지(hedge) 효과가 있다.

② 타인자본, 즉 레버리지를 활용하면 투자 위험이 증가된다.

③ 전체투자수익률과 저당수익률이 동일하다면 부채비율의 변화가 지분수익률에 영향을 미치지 못한다.

④ 저당수익률이 총자본수익률보다 클 때는 부채비율을 높이는 방식으로 자기자본수익률을 증대시킬 수 있다.

⑤ 정(+)의 레버리지가 예상되더라도 부채비율을 높이게 되면 타인자본으로 인한 투자의 금융적 위험이 증대될 수 있다.

44. 투자에서 (ㄱ) 타인자본을 50% 활용하는 경우와 (ㄴ) 타인자본을 활용하지 않는 경우, 1년간 자기자본수익률을 산정하면?

- 부동산 매입가격: 2억원
- 1년 후 부동산 처분
- 순영업소득(NOI): 연 500만원(기간 말 발생)
- 보유기간 동안 부동산 가격 상승률: 연 5%
- 대출조건: 이자율 연 4%, 대출기간 1년, 원리금은 만기일시상환

45. 투자 위험에 대한 설명으로 틀린 것을 고르면?

① 인플레이션 위험은 부동산의 낮은 환금성에 기인한다.

② 투자위험은 분산 및 표준편차로 측정할 수 있다.

③ 투자위험에는 전반적인 물가상승으로 인해 발생하는 구매력 하락위험이 있다.

④ 장래에 인플레이션이 예상되는 경우 대출기관은 고정금리보다는 변동이자율로 대출하기를 선호한다.

⑤ 위치적 위험이란 환경이 변하면서 대상 부동산의 상대적 위치가 변화하는 위험이다.

46. 투자 수익률에 대한 설명으로 옳게 설명된 것을 모두 고르면?

① 투자자가 투자부동산에 대하여 자금을 투자하기 위해 충족되어야 할 최소한의 수익률을 기대수익률이라고 한다.

② 요구수익률은 투자가 이루어진 후 달성된 수익률을 말한다.

③ 기대수익률은 다른 투자의 기회를 포기한다는 점에서 기회비용이라고도 한다.

④ 금리상승은 투자자의 요구수익률을 하락시키는 요인이다.

⑤ 무위험률의 하락은 요구수익률을 상승시키는 요인이다.

⑥ 개별투자자가 위험을 기피할수록 요구수익률은 낮아진다.

⑦ 일반적으로 위험과 요구수익률은 비례관계에 있다.

⑧ 요구수익률이 기대수익률보다 낮을 경우 투자안이 채택된다.

⑨ 기대수익률이 요구수익률보다 작은 경우 투자안이 채택된다.

47. 위험의 처리 및 관리방안에 대한 설명으로 옳은 것은?

① 위험조정할인율은 장래 수익을 현재가치로 환원할 때 위험에 따라 조정된 할인율이다.

② 위험조정할인율을 적용하는 방법으로 장래 기대되는 소득을 현재가치로 환산하는 경우, 위험한 투자안일수록 낮은 할인율을 적용한다.

③ 위험조정할인율법은 투자효과를 분석하는 모형의 투입요소가 변화함에 따라, 결과에 어떠한 영향을 주는가를 분석한다.

④ 보수적 예측은 투자수익의 추계치를 상향조정하는 방법이다.

⑤ 투자위험을 처리할 때 위험한 투자안을 제외시키는 방법을 위험의 전가라고 한다.

48. 투자안의 선택 및 포트폴리오에 대한 설명으로 틀린 것은?

① 평균-분산 지배원리에 따르면 두 자산의 기대수익률이 동일할 경우, 표준편차가 낮은 투자안이 유리하다.

② 효율적 프론티어(효율적 전선)란 평균-분산 지배원리에 의해 모든 위험 수준에서 최대의 기대수익률을 얻을 수 있는 포트폴리오의 집합을 말한다.

③ 효율적 프론티어의 우상향에 대한 의미는 투자자가 높은 수익률을 얻기 위해 많은 위험을 감수하는 것이다.

④ 최적의 포트폴리오는 투자자의 무차별곡선과 효율적 프론티어의 접점에서 선택된다.

⑤ 위험의 회피도가 높을수록 투자자의 무차별곡선의 기울기는 완만하게 나타난다.

49. 포트폴리오에 대한 설명으로 옳은 것은?

① 분산투자는 포트폴리오를 구성하는 투자자산 종목의 수를 늘릴수록 체계적 위험을 감소시는 것을 목적으로 한다.

② 자산간 상관계수가 1인 두 개의 자산으로 포트폴리오를 구성할 때 포트폴리오의 위험감소 효과가 최대로 나타난다.

③ 개별자산의 기대수익률 간 상관계수가 0인 두 개의 자산으로 포트폴리오를 구성할 때 포트폴리오의 위험감소효과가 최대로 나타난다.

④ 자산 간의 상관계수가 완전한 음(-)의 관계에 있을 때, 포트폴리오 구성을 통한 위험절감 효과가 나타나지 않는다.

⑤ 2개의 자산의 수익률이 서로 같은 방향으로 움직일 경우, 상관계수는 양의 값을 가지므로 위험분산 효과가 작아진다.

50. 화폐의 시간가치에 대한 설명으로 틀린 것을 모두 고르면?

① 5년 후 주택구입에 필요한 5억원을 모으기 위해 매월말 불입해야 하는 적금액을 계산할 때, 감채기금계수를 활용한다.

② 매월말 60만원씩 5년간 들어올 것으로 예상되는 임대수입의 현재가치를 계산하려면, 연금의 미래가치계수를 활용한다.

③ 연금의 현재가치계수와 감채기금계수는 역수 관계이다.

④ 임대기간 동안 월임대료를 모두 적립할 경우, 이 금액의 미래 가치를 산정한다면 연금의 내가계수를 사용한다.

⑤ 현재 10억원인 아파트가 매년 5%씩 가격이 상승한다고 가정할 때, 3년 후 아파트 가격을 산정하는 경우 일시불의 미래가치계수를 사용한다.

⑥ 원금균등상환방식으로 대출한 가구가 매기 상환액을 산정할 때는 융자액에 저당상수를 곱하여 산정한다.

⑦ 잔금비율은 1에서 상환비율을 차감한 값이다.

51. A는 매월 말에 50만원씩 5년 동안 적립하는 적금에 가입하였다. 이 적금의 명목금리는 연 3%이며, 월복리 조건이다. 이 적금의 현재가치를 계산하기 위한 식으로 옳은 것은? (주어진 조건에 한함)

① $500,000 \times \left\{ \dfrac{(1+0.03)^5 - 1}{0.03} \right\}$

② $500,000 \times \left\{ \dfrac{\left(1 + \dfrac{0.03}{12}\right)^{5 \times 12} - 1}{\dfrac{0.03}{12}} \right\}$

③ $500,000 \times \left(1 + \dfrac{0.03}{12}\right)^{5 \times 12}$

④ $500,000 \times \left\{ \dfrac{0.03}{1 - (1+0.03)^{-5}} \right\}$

⑤ $500,000 \times \left\{ \dfrac{1 - \left(1 + \dfrac{0.03}{12}\right)^{-5 \times 12}}{\dfrac{0.03}{12}} \right\}$

52. 현금흐름에 대한 설명으로 틀린 것은?

① 가능총소득은 단위면적당 추정 임대료에 임대면적을 곱하여 구한 소득이다.

② 순영업소득은 유효총소득에서 영업경비를 차감한 소득이다.

③ 영업경비는 부동산 운영과 직접 관련 있는 경비로, 광고비, 전기세, 수선비, 재산세가 이에 해당된다.

④ 세전지분복귀액은 자산의 순매각금액에서 미상환 저당잔액을 합산하여 지분투자자의 몫으로 돌아오는 금액을 말한다.

⑤ 세전현금흐름은 지분투자자에게 귀속되는 세전소득을 말하는 것으로, 순영업소득에 부채서비스액을 차감한 소득이다.

53. 현금흐름에 대한 설명으로 틀린 것은?

① 동일 현금흐름의 투자안이라도 요구수익률에 따라 순현재가치(NPV)가 달라질 수 있다.

② 순현재가치는 투자자의 요구수익률로 할인한 현금유입의 현가에서 현금유출의 현가를 뺀 값이다.

③ 내부수익률법에서는 내부수익률과 실현수익률을 비교하여 투자 여부를 결정한다.

④ 수익성지수(PI)는 투자로 인해 발생하는 현금유입의 현가를 현금유출의 현가로 나눈 비율이다.

⑤ 내부수익률법에서는 내부수익률이 요구수익률보다 작은 경우 투자안이 기각된다.

54. 현금흐름에 대한 설명으로 옳은 것은?

① 부동산 투자분석기법 중 화폐의 시간가치를 고려한 방법에는 순현재가치법, 내부수익률법, 회계적 이익률법이 있다.

② 내부수익률이란 순현가를 1로 만들고, 수익성지수를 0으로 만드는 할인율이다.

③ 순현가법에서는 재투자율로 내부수익률을 사용하고, 내부수익률법에서는 요구수익률을 사용한다.

④ 내부수익률이란 투자로부터 기대되는 현금유입의 현재가치와 현금유출의 현재가치를 같게 하는 할인율이다.

⑤ 내부수익률은 순현가를 0보다 작게 하는 할인율이다.

55. 다음 표와 같은 투자안이 있다. 이 사업들은 모두 사업 기간이 1년이며, 사업 초기 (1월 1일) 에 현금지출만 발생하고 사업 말기 (12월 31일)에 현금 유입만 발생한다고 한다. 할인율이 연 10%라고 할 때 다음을 산정하면?

< 보 기 >

투자안	현금지출	현금유입
A	2,000	2,365
B	3,000	3,520
C	4,000	4,510
D	5,000	5,632

1) A와 B의 순현가 A 순현가 = [ ] B 순현가 = [ ]	2) C와 D의 수익성지수 C의 수익성지수 = [ ] D의 수익성지수 = [ ]	3) A와 D의 내부수익률 A 내부수익률 = [ ] D 내부수익률 = [ ]

56. 투자 분석에 대한 설명으로 틀린 것은?

① 수익률법과 승수법은 투자 현금흐름의 시간가치를 반영하지 않고 타당성을 분석하는 방법이다.

② 투자 타당성은 총투자액 또는 지분투자액을 기준으로 분석할 수 있으며, 순소득승수는 지분투자액을 기준으로 한다.

③ 세전지분투자수익률은 지분투자액에 대한 세전현금흐름의 비율이다.

④ 종합자본환원율은 순영업소득을 총투자액으로 나눈 비율이다.

⑤ 순소득승수는 총투자액을 순영업소득으로 나눈 값이다.

57. 투자 분석에 대한 설명으로 옳은 것은?

① 부채비율은 지분에 대한 부채의 비율이며, 대부비율이 50%일 경우에는 부채비율도 50%가 된다.

② 부채감당률이란 유효총소득이 부채서비스액의 몇 배가 되는가를 나타내는 비율이다.

③ 회계적 이익률법에서는 투자안의 이익률이 목표이익률보다 높은 투자안 중에서 이익률이 가장 높은 투자안을 선택하는 것이 합리적이다.

④ 회수기간은 투자시점에서 발생한 비용을 회수하는데 걸리는 기간을 말하며, 회수기간법에서는 투자안 중에서 회수기간이 가장 장기인 투자안을 선택한다.

⑤ 채무불이행률은 순영업소득이 영업경비와 부채서비스액을 감당할 수 있는지를 측정하는 비율이며, 채무불이행률을 손익분기율이라고도 한다.

58. 부동산 금융에 관한 설명으로 틀린 것은?

① 주택시장이 침체하여 거래가 부진하면 수요자 금융을 확대하여 주택경기를 활성화 시킬 수 있다.

② 주택개발금융은 주택을 구입하려는 사람이 주택을 담보로 제공하고 자금을 제공받는 형태의 금융을 의미한다.

③ 주택소비금융은 주택구입능력을 제고시켜 자가주택 소유를 촉진시킬 수 있다.

④ 주택도시기금은 국민주택의 건설이나 국민주택규모 이하의 주택 구입에 출자 또는 융자할 수 있다.

⑤ 아래 내용을 읽고 지분 / 부채 / 메자닌을 채우시오

부동산 신디케이트	1	사모, 공모방식 증자	6
주택상환사채	2	부동산 투자펀드	7
부동산투자회사(REITs)	3	조인트벤처	8
자산유동화증권(ABS)	4	저당유동화증권(MBS)	9
전환사채 (CB)	5	신주인수권부사채	10

59. 주택 담보대출에 대한 설명으로 틀린 것은?

① 담보인정비율(LTV)은 주택의 담보가치를 중심으로 대출규모를 결정하는 기준이다.

② 차주상환능력(DTI)은 차입자의 소득을 중심으로 대출규모를 결정하는 기준이다.

③ 총부채원리금상환비율(DSR)은 차주의 총 금융부채 상환부담을 판단하기 위하여 산정하는 차주의 연간소득 대비 연간 금융부채 원리금 상환액 비율을 말한다.

④ 금융당국은 위축된 주택금융시장을 활성화하기 위하여 담보인정비율(LTV)과 총부채상환비율(DTI)을 하향조정한다.

⑤ 정부는 주택소비금융의 축소와 금리인상, 대출규제의 강화로 주택가격의 급격한 상승에 대처한다.

60. 담보대출을 희망하는 A의 소유 주택 시장가치가 6억원이고 연소득이 6,000만원일 때, LTV, DTI를 고려하여 A가 받을 수 있는 최대 대출가능금액은?

- 연간 저당상수 : 0.12
- 담보인정비율(LTV): 시장가치기준 60%
- 총부채원리금상환비율(DTI) : 40%
- 두 가지 대출 승인기준을 모두 충족
- 기존 대출액 : 5000만원

61. 시장가격이 5억원이고 순영업소득이 1억원인 상가를 보유하고 있는 A가 추가적으로 받을 수 있는 최대 대출가능 금액은?

- 연간 저당상수: 0.2
- 대출승인조건(모두 충족하여야 함)
  - 담보인정비율(LTV) 60% 이하
  - 부채감당률(DCR): 2 이상
- 상가의 기존 저당대출금: 1억원

62. 부동산 금융에 대한 설명으로 옳은 것은?

① 고정금리대출의 차입자는 시장이자율이 약정이자율보다 높아졌을 때 조기상환을 고려하게 된다.

② 코픽스(Cost of Funds Index)는 은행의 자금조달비용을 반영한 고정금리 대출의 기준금리이다.

③ 고정금리에서 시장이자율이 계약이자율보다 높아지면 대출기관은 인플레이션 위험에 직면한다.

④ 고정금리 주택담보대출의 이자율은 기준금리에 가산금리를 합하여 결정된다.

⑤ 고정금리 주택담보대출은 이자율 변동으로 인한 위험을 차주에게 전가하는 방식으로 금융기관의 이자율 변동위험을 줄일 수 있다.

63. 저당의 상환에 대한 설명으로 틀린 것은? [다른 모든 조건 동일]

① 원금균등상환방식의 경우, 매기간에 상환하는 원리금상환액과 대출잔액이 점차적으로 감소한다.

② 원리금균등상환방식의 경우, 매기간에 상환하는 원금상환액이 점차적으로 감소한다.

③ 체증(점증)상환방식은 원금균등분할상환방식에 비해 대출잔액이 천천히 감소하므로 상대적으로 이자부담은 큰 편이다.

④ 원리금균등분할상환방식은 원금균등분할상환방식에 비해 대출 직후에는 원리금의 상환액이 적다.

⑤ 원금만기일상환방식은 원금균등분할상환방식에 비해 대출채권의 가중평균상환기간 (duration)이 긴 편이다.

64. 저당의 상환에 대한 설명으로 옳은 것은? [다른 모든 조건 동일]

① 원금균등상환방식의 경우, 원리금균등상환방식보다 대출금의 가중평균상환기간 (duration)이 더 길다.

② 만기일시상환방식은 원금균등상환에 비해 대출 금융기관의 이자수입이 줄어든다.

③ 대출금을 조기상환하는 경우 원리금균등상환방식에 비해 원금균등상환방식의 상환 액이 더 크다.

④ 원금균등상환방식은 원리금균등상환방식에 비해 전체 대출기간 만료 시 누적원리금 상환액이 더 작다.

⑤ 체증(점증)상환 방식의 경우, 미래 소득이 감소될 것으로 예상되는 은퇴예정자에게 적합하다.

65. A씨는 은행으로부터 4억원을 대출받았다. 대출조건이 다음과 같을 때, A씨가 3회차에 상환할 원금과 3회차에 납부할 이자액을 산정하면?

- 대출금리: 고정금리, 연 6%
- 대출기간: 20년
- 저당상수: 0.087
- 원리금상환조건: 원리금균등상환, 연단위 매기간 말 상환

66. A는 주택 구입을 위해 연초에 6억원을 대출 받았다. 대출 조건이 다음과 같을 때, ㉠ 대출금리와 ㉡ 2회차에 상환할 이자액은?

- 대출금리: 고정금리
- 대출기간: 30년
- 원리금 상환조건: 원금균등상환방식
- 매년 말 연단위로 상환
  - 1회차 원리금 상환액: 4,400만원

67. 주택연금에 대한 설명으로 옳은 것은?

① 주택연금이란 주택에 저당을 설정하고, 금융기관으로부터 주택가치만큼 일시불로 노후생활자금을 받는 제도다.

② 주택연금은 수령기간이 경과할수록 대출잔액이 감소된다.

③ 주택연금의 보증기관은 주택도시보증공사(HUG)이다.

④ 주택연금은 중도상환시 2%의 수수료를 부담한다.

⑤ 한국주택금융공사는 주택연금 담보주택의 가격하락에 대한 위험을 부담할 수 있다

68. 프로젝트 파이낸싱에 대한 설명으로 틀린 것은?

① 사전 계약에 따라 미래에 발생할 현금흐름과 사업자체자산을 담보로 자금을 조달하는 금융기법이다.

② 프로젝트 금융의 상환재원은 프로젝트 자체자산에 의존한다.

③ 사업주의 재무상태표에 해당 부채가 표시되지 않는다.

④ 원사업주의 입장에서는 비소구 또는 제한적 소구방식이므로 상환의무가 제한되는 장점이 있다.

⑤ 금융기관의 입장에서는 부외금융 효과에 의해 채무수용능력이 커지는 장점이 있다.

69. 프로젝트 파이낸싱에 대한 설명으로 틀린 것은?

① 프로젝트의 자본환원율은 자본의 기회비용과 프로젝트의 투자위험을 반영한다.

② 자본환원율이 상승하면 부동산 자산가치가 상승하게 되므로 신규개발사업 추진이 용이해진다.

③ 프로젝트 금융의 자금은 위탁관리하는 것이 원칙이다.

④ 프로젝트의 위험을 낮추기 위해서 금융기관은 시행사 및 시공사에게 자기자본의 투입비중을 확대할 것을 요구한다.

⑤ 프로젝트 위험이 높을수록 투자자의 요구수익률은 높아진다.

70. 부동산 투자회사에 관한 설명으로 틀린 것은?

① 자기관리리츠는 자산운용 전문인력을 포함한 임직원을 상근으로 두고 자산의 투자 운용을 직접 수행하는 회사이다.

② 영업인가를 받거나 등록을 한 날부터 6개월이 지난 기업구조조정 부동산투자회사의 자본금은 50억원 이상이 되어야 한다.

③ 위탁관리 부동산투자회사와 기업구조조정 부동산투자회사는 모두 명목형 회사의 형태로 운영된다.

④ 자기관리리츠는 자산을 투자 · 운용할 때에는 전문성을 높이고 주주를 보호하기 위하여 자산관리회사에 위탁하여야 한다.

⑤ 감정평가사 또는 공인중개사로서 해당 분야에 5년 이상 종사한 사람은 자기관리 부동산투자회사의 상근 자산운용 전문인력이 될 수 있다.

71. 부동산 투자회사에 대한 설명으로 옳은 것은?

① 자기관리 부동산투자회사의 설립 자본금은 5억원 이상이며 영업인가 후 6개월 이내에 50억원 이상을 모집하여야 한다.

② 부동산투자회사는 금융기관으로부터 자금을 차입하거나, 사채를 발행할 수 없다.

③ 위탁관리 부동산투자회사는 본점 외의 지점을 설치할 수 있으며, 직원을 고용하거나 상근 임원을 둘 수 있다.

④ 위탁관리리츠는 주주를 보호하기 위해서 직원이 준수해야 할 내부통제기준을 제정하여야 한다.

⑤ 위탁관리 부동산투자회사의 경우 주주 1인과 그 특별관계자는 발행주식총수의 50%를 초과하여 소유하지 못한다.

72. 저당의 유동화 및 저당시장에 대한 설명으로 틀린 것은?

① 제1차 저당대출시장은 저당대출을 원하는 수요자와 저당대출을 제공하는 금융기관으로 형성되는 시장이다.

② 저당유동화가 활성화 되면 주택금융의 축소로 자가소유가구 비중이 감소한다.

③ 저당이 유동화되면 주택금융이 확대됨에 따라 대출기관의 자금이 풍부해져 궁극적으로 주택자금대출이 확대될 수 있다.

④ 제2차 저당시장은 저당권을 유동화함으로써, 1차 저당시장에 자금을 공급하는 역할을 한다.

⑤ 우리나라의 모기지 유동화중개기관으로는 한국주택금융공사(HF)가 있다.

73. 저당 유동화 증권에 대한 설명으로 틀린 것은?

① MPTS(mortgage pass-through securities)는 지분형 증권이다.

② MPTS(mortgage pass-through securities)의 조기상환 위험은 투자자가 부담한다.

③ MBB의 투자자는 최초의 주택저당채권 집합물에 대한 소유권을 갖는다.

④ CMO(collateralized mortgage obligations)는 트랜치별로 적용되는 이자율과 만기가 다른 것이 일반적이다.

⑤ CMO(collateralized mortgage obligation)는 상환우선순위와 만기가 다른 다양한 층(tranche)으로 구성된 증권이다.

74. 저당 유동화 증권에 대한 설명으로 옳은 것은?

① MPTB(mortgage pay-through bond)의 경우, 조기상환 위험은 발행자가 부담하고, 채무불이행 위험은 투자자가 부담한다.

② MBB(mortgage backed bond)는 채권형 증권으로 발행자는 초과담보를 제공하는 것이 일반적이다.

③ MBB(주택저당채권담보부채권)의 저당채권(mortgage)에 대한 소유권과 원리금수취권은 모두 투자자에게 이전된다.

④ 주택저당담보부채권(MBB)의 경우에는 원저당차입자의 채무불이행이 발생한다면 발행자가 투자자에게 원리금을 지급할 의무가 없다.

⑤ MPTB의 발행자는 주택저당채권 집합물을 가지고 일정한 가공을 통해 위험-수익 구조가 다양한 트랜치의 증권을 발행한다.

75. 부동산 개발과 관련된 설명으로 틀린 것은?

① 부동산 개발이란 토지를 건설공사의 수행 또는 형질변경의 방법으로 조성하는 행위 및 건축물을 건축·대수선·리모델링 또는 용도변경 하거나 공작물을 설치하는 행위를 의미하며, 시공을 담당하는 행위를 포함한다.

② 부동산 개발업의 관리 및 육성에 관한 법률상 부동산 개발업이란 타인에게 공급할 목적으로 부동산 개발을 수행하는 업을 말한다.

③ 민간이 자본과 기술을 제공하고 공공기관이 인·허가 등의 행정적인 부분의 효율성을 담당하여 시행되는 개발을 제3섹터(sector)개발이라고 한다.

④ 정부의 정책이나 용도지역제와 같은 토지이용규제로 인해 개발의 법률적 위험이 발생하기도 한다.

⑤ 부동산 개발의 일반적 과정은 아이디어→예비적 타당성→부지확보→타당성분석→금융→건설→마케팅순으로 이어진다.

76. 부동산 개발의 위험에 대한 설명으로 틀린 것은?

① 인·허가시 용적률의 증가 및 매수예정 사업부지의 가격상승은 사업 시행자의 위험을 증가시키는 요인이다.

② 문화재 출토로 인한 사업중단은 시행사가 관리할 수 없는 위험이다.

③ 법적 위험을 최소화하기 위해서는 이용계획이 확정된 토지를 구입하는 것이 유리하다.

④ 행정의 변화에 의한 사업의 인·허가 지연은 시행사 또는 시공사가 스스로 관리할 수 없는 위험에 해당한다.

⑤ 사업지 주변의 SOC시설의 확충 지연은 시행사 스스로가 관리할 수 없는 요인이다

77. 부동산 개발분석과 관련된 설명으로 옳은 것은?

① 개발사업과 관련된 지역의 경제활동, 인구와 소득 등 대상지역 전체에 대한 총량적 지표를 분석하는 것을 시장성분석이라고 한다.

② 부동산이 가진 경쟁력을 중심으로 해당 부동산이 분양될 수 있는 가능성을 분석하는 것을 지역경제 분석이라고 한다.

③ 공급된 부동산이 시장에서 일정기간 동안 소비되는 비율을 조사하여 해당 부동산 시장의 추세를 파악하는 분석을 민감도 분석이라고 한다.

④ 흡수율 분석은 유사부동산에 대한 추세분석으로서, 흡수율 분석의 궁극적 목적은 개발 부동산의 장래예측에 있다.

⑤ 타당성 분석에 활용된 투입요소의 변화가 그 결과치에 어떠한 영향을 주는가를 분석하는것을 흡수율 분석이라고 한다.

78. 부동산 개발에 대한 다음의 설명 중 옳은 것은?

① 정비기반시설이 극히 열악하고 노후·불량 건축물이 과도하게 밀집한 지역의 주거환경을 개선하기 위해서 시행하는 사업을 주거환경관리사업이라고 한다.

② 환지방식이란 미개발 토지를 토지이용계획에 따라 구획정리하고 기반시설을 갖춤으로써 이용가치가 높은 토지로 전환하여 개발토지의 일부를 원소유자에게 재매각하는 것이다.

③ 단독주택 및 다세대 주택이 밀집한 지역에서 주거환경을 정비하는 사업을 재개발이라고 한다.

④ 토지소유자가 조합을 설립하여 농지를 택지로 개발한 후 보류지(체비지·공공시설 용지)를 제외한 개발토지 전체를 토지소유자에게 배분하는 방식을 환지방식이라고 한다.

⑤ 토지를 매수하고 환지방식을 혼합하여 개발하는 것을 전면매수방식이라 한다.

79. 부동산 개발과 관련된 설명으로 틀린 것은?

① 자체개발사업방식은 개발이익의 수준이 높고 개발의 속도가 빠르나 위험관리능력이 요구된다.

② 지주공동사업방식에서는 토지소유자는 토지를 제공하고, 개발업자는 노하우를 제공하여 서로의 이익을 추구한다.

③ 토지신탁에서는 신탁회사가 건설단계의 부족자금을 조달한다.

④ 개발이 완료된 후 완공된 건축면적이나 개발부동산의 일부를 토지소유자와 개발업자가 투입비중에 맞게 나누어 갖는 방식을 등가교환방식이라고 한다.

⑤ 토지신탁(개발)방식과 사업수탁방식은 형식의 차이가 있으나, 소유권 이전이 이루어진다는 공통점이 있다.

⑥ 토지신탁방식이란 신탁회사가 토지소유권을 이전받아 토지를 개발한 후 분양하거나 임대하여 그 수익을 신탁자(信託者)에게 돌려주는 것이다.

80. 부동산 신탁에 관한 설명으로 틀린 것은?

① 부동산 신탁에 있어서 당사자는 부동산 소유자인 위탁자와 부동산 신탁사인 수탁자 및 신탁재산의 수익권을 배당받는 수익자로 구성되어 있다.

② 부동산 소유자가 소유권을 신탁회사에 이전하고 신탁회사로부터 수익증권을 교부받아 수익증권을 담보로 금융기관에서 대출을 받는 상품을 토지신탁이라 한다.

③ 처분신탁은 처분방법이나 절차가 까다로운 부동산에 대한 처분업무 및 처분완료시까지의 관리업무를 신탁회사가 수행하는 것이다.

④ 관리신탁에 의하는 경우 법률상 부동산 소유권이 이전된 상태로 신탁회사가 부동산의 관리업무를 수행하게 된다.

⑤ 분양관리신탁은 상가등 건축물 분양의 투명성과 안정성을 확보하기 위하여 신탁회사에게 사업부지의 신탁과 분양에 따른 자금관리업무를 부담시키는 것이다.

81. 부동산 개발방식에 대한 다음의 설명 중 틀린 것은?

① 사업주가 시설준공 후 소유권을 취득하여, 일정 기간 동안 운영을 통해 운영수익을 획득하고, 그 기간이 만료되면 공공에게 소유권을 이전하는 방식을 BOT 방식이라고 한다.

② 사업주가 시설준공 후 소유권을 공공에게 귀속시키고, 그 대가로 받은 시설 운영권으로 그 시설을 공공에게 임대하여 임대료를 획득하는 방식 BLT방식이라고 한다.

③ 사업주가 시설준공 후 소유권을 공공에게 귀속시키고, 그 대가로 일정 기간동안 시설운영권을 받아 운영수익을 획득하는 방식을 BTO방식이라고 한다.

④ 사업주가 준공 후 소유권을 취득하여, 그 시설을 운영하는 방식으로, 소유권이 사업주에게 귀속되는 방식을 BOO방식이라고 한다.

⑤ 학교, 문화시설 등 시설이용자로부터 사용료를 징수하기 어려운 사회기반시설은 BTL을 주로 활용한다.

⑥ 민간사업자가 자금을 조달하여 시설을 건설하고 일정기간 동안 타인에게 임대하고, 임대 종료 후 국가 또는 지방자치단체 등에게 시설의 소유권을 이전하는 방식을 BLT라고 한다.

82. 부동산 관리방식에 대한 다음의 설명 중 틀린 것을 고르면?

① 위탁관리는 관리의 전문성과 효율성을 제고할 수 있다.

② 포트폴리오 관리, 투자의 위험관리는 자산관리의 영역이다.

③ 직접(자치)관리 방식은 업무의 기밀유지에는 유리하나, 업무행위의 안일화를 초래할 수 있는 단점이 있다.

④ 경제적 측면의 부동산 관리는 대상 부동산의 물리적·기능적 하자의 유무를 판단하여 필요한 조치를 취하는 것이다.

⑤ 시설관리(facility management)는 부동산 시설을 운영하고 유지하는 것으로 시설사용자나 기업의 요구에 따라는 소극적 관리에 해당한다.

⑥ 혼합관리방식은 필요한 부분만 선별하여 위탁하기 때문에 관리의 책임소재가 불분명해지는 단점이 있다.

83. 부동산 마케팅에 대한 설명으로 틀린 것은?

① 시장세분화 전략이란 수요자 집단을 인구·경제적 특성에 따라 구분하는 전략을 의미한다.

② 마케팅믹스에서 촉진관리는 판매유인과 직접적인 인적판매 등이 있다.

③ 분양 성공을 위해 아파트 브랜드를 고급스러운 이미지로 고객의 인식에 각인시키도록 하는 노력은 STP전략 중 포지셔닝(positioning)전략에 해당한다.

④ STP란 고객집단을 세분화(Segmentation)하고 표적시장을 선정(Targeting)하여 판매촉진(Promotion)을 하는 전략이다.

⑤ AIDA는 주의(attention), 관심(interesting), 욕망(desire), 행동(action)의 단계가 있다.

84. 부동산 마케팅에 대한 설명으로 옳은 것은?

① 시장점유전략은 공급자 측면의 접근으로 목표시장을 선점하거나 점유율을 높이는 것을 말한다.

② 관계마케팅은 소비자의 구매의사결정 과정의 각 단계에서 소비자와의 심리적인 접점을 마련하고 전달하려는 정보의 취지와 강약을 조절하는 것을 말한다.

③ 아파트의 차별화를 위해 커뮤니티 시설에 헬스장, 골프연습장을 설치하는 방안은 경로(Place)전략에 해당한다.

④ 시장 세분화(segmentation)전략이란 표적시장의 반응을 빠르고 강하게 자극·유인하는 전략을 말한다.

⑤ 마케팅믹스의 가격관리에서 시가정책은 위치, 방위, 층, 지역 등에 따라 다른 가격으로 판매하는 정책이다.

85. 지역분석과 개별분석에 대한 설명으로 틀린 것은?

① 대상부동산의 최유효이용을 판정하기 위해 개별분석이 필요하다.

② 동일수급권이란 대상부동산과 대체·경쟁 관계가 성립하고 가치 형성에 서로 영향을 미치는 관계에 있는 다른 부동산이 존재하는 권역을 말하며, 인근지역과 유사지역을 포함한다.

③ 개별분석은 대상부동산에 대한 미시적·국지적 분석인데 비하여, 지역분석은 대상지역에 대한 거시적·광역적 분석이다.

④ 지역분석은 개별분석의 선행분석으로, 해당 지역 내 부동산의 표준적 이용과 구체적 가격을 파악하는 것이 목적이다.

⑤ 지역분석은 적합의 원칙과 관련이 있고, 개별분석은 균형의 원칙과 관련이 있다.

86. 부동산 가격 제원칙과 관련된 다음 설명 중 틀린 것은?

① 대체의 원칙은 유사 부동산과의 가격 연관성을 다루는 원칙으로 감정평가 기법중 거래사례비교법과 관련이 있다.

② 적합의 원칙이란 유용성이 최고로 발휘되기 위해서는 부동산 구성요소의 결합이 중요하다는 원칙이다.

③ 점포의 입지선정을 위해 지역분석을 통해 표준적 이용을 판단하는 것은 적합의 원칙과 밀접한 관련이 있다.

④ 균형의 원칙이란 부동산의 가격이 최고조가 되려면 투입되는 생산요소간의 조화가 중요하다는 원칙이다.

⑤ 예측의 원칙에 따라 부동산은 장래의 활용 및 수익가능성이 중시되므로 이는 수익환원법의 토대가 될 수 있다.

87. 감정평가방식에 대한 다음 설명 중 옳은 것은?

① 원가방식은 원가법 및 적산법 등 시장성의 원리에 기초한 감정평가방식을 의미한다.

② 거래사례비교법은 비용성에 근거하는 평가방식으로서 가격을 구할 때는 거래사례비교법을 활용한다.

③ 3방식에 의해 산정한 적산가액, 비준가액, 수익가액을 최종평가액이라고 한다.

④ 비교방식에는 거래사례기준법, 임대사례비교법등 시장성의 원리에 기초한 감정평가방식 및 공시지가비교법이 있다.

⑤ 수익방식은 수익성을 근거로 가액을 산정하는 수익환원법과 임대료를 산정하는 수익분석법이 있다.

88. 원가법의 감가수정과 관련된 설명으로 옳은 것은?

① 감가수정시의 내용연수는 일반적으로 물리적 내용연수를 기준으로 한다.

② 감가수정방법에는 내용연수법, 관찰감가법, 분해법 등이 있다.

③ 정률법이란 내용연수가 만료될 때 감가누계상당액과 그에 대한 복리계산의 이자상당액분을 포함하여 당해 내용연수로 상환하는 방법이다.

④ 정률법에서는 감가누계액이 경과연수에 정비례하여 증가한다.

⑤ 정률법은 매년 일정한 감가율을 곱하여 감가액을 구하는 방법으로 매년 감가액이 일정하다.

89. 원가법에 의한 대상 부동산의 적산가액은?

- 사용승인일 신축공사비 : 6천만원
  (신축공사비는 적정함)
- 사용승인일 : 2022. 9. 1.
- 기준시점 : 2024. 9. 1.
- 건축비상승률 : 매년 전년대비 5% 상승
- 경제적 내용연수 : 50년
- 감가수정방법 : **정액법**
- 내용연수 만료시 잔가율 : 10%

90. 원가법에 의한 대상 부동산의 적산가액은?

- 신축공사비: 8,000만원
- 준공시점: 2022년 9월 30일
- 기준시점: 2024년 9월 30일
- 공사비 상승률: 매년 전년대비 5% 상승
- 전년 대비 잔가율: 80%
- 신축공사비는 준공당시 재조달원가로 적정하며, 공장건물이 설비에 가까운 점을 고려하여 **정률법**을 적용

91. 거래사례비교법에 의한 비준가액은?

- 대상토지: A시 B동 150번지, 토지 130m², 제3종 일반주거지역
- 기준시점: 2024년. 9. 1.
- 거래사례의 내역 – 소재지 및 면적: A시 B동 123번지 토지 100m²
  용도지역: 제3종 일반주거지역
  거래사례가격: 3억원
  거래시점: 2024. 3. 1 (거래사례의 사정보정 요인은 없음)
- 지가변동률 (2024. 3. 1. ~ 9. 1.)
  A시 공업지역 4% 상승, A시 주거지역 5% 상승
- 지역요인 : 대상토지는 거래사례의 인근지역에 위치함
- 개별요인 : 대상토지는 거래사례에 비해 3% 열세하고 획지조건은 5% 우세하며 기타 요인은 일정함
- 상승식으로 계산할 것

92. 공시지가기준법에 대한 설명으로 틀린 것은?

① 공시지가기준법은 표준지공시지가를 기준으로 대상 토지에 맞게 시점수정, 지역요인 및 개별요인 비교, 그 밖의 요인의 보정을 거쳐 대상 토지의 가액을 산정하는 방법이다.

② 시점수정시에는 비교표준지가 있는 시·군·구의 같은 용도지역의 지가변동률을 적용한다.

③ 공시지가기준법 적용에 따른 시점수정시 지가변동률을 적용하는 것이 적절하지 아니하면 한국은행이 조사·발표하는 생산자물가상승률을 적용한다.

④ 적정한 실거래가가 있는 경우 이를 기준으로 토지를 감정평가할 수 있다.

⑤ 적정한 실거래가란 신고된 가격으로 도시지역은 5년 이내, 그 밖의 지역은 3년 이내의 거래가격을 의미한다.

93. 공시지가기준법으로 산정한 대상 토지의 가액은? (주어진 조건에 한함)

- 대상토지 : A시 B구 C동 175번지, 일반상업지역, 상업나지
- 기준시점 : 2024.04.24.
- 비교표준지 : 2024년 1월 1일 기준가격
  ㉠ C동 183번지, 일반상업지역, 상업용 : 공시지가: 6,000,000원/m²
  ㉡ C동 134번지, 일반상업지역, 공업용 : 공시지가: 4,000,000원/m²
  ㉢ C동 154번지, 일반공업지역, 상업용 : 공시지가: 5,000,000원/m²
- 지가변동률 (2024. 1. 1. ~ 2024. 4. 24)
  : 상업지역은 2% 상승하고, 공업지역은 3% 상승함
- 지역요인: 비교표준지는 인근지역에 위치
- 개별요인: 대상토지는 비교표준지 ㉠에 비해 가로조건에서 5% 우세하고 환경조건에서 10% 열세이고 ㉢에 비해 접근조건에서 20% 우세하다.
- 그 밖의 요인보정 : 대상토지 인근지역의 가치형성요인이 유사한 정상적인 거래사례 및 평가사례 등을 고려하여 그 밖의 요인으로 20% 증액 보정함

94. 수익환원법으로 산정한 수익가액은?

- 가능총소득(PGI): 1억원
- 공실손실상당액 및 대손충당금: 가능총소득의 5%
- 재산세: 300만원
- 화재보험료: 200만원
- 영업소득세: 400만원
- 건물주 개인업무비: 500만원
- 토지가액 : 건물가액 = 40% : 60%
- 토지환원이율: 5 %
- 건물환원이율: 10 %

95. 감정평가에 관한 규칙에 대한 설명으로 옳은 것은?

① 기준시점이란 대상물건의 감정평가액을 결정하는 기준이 되는 날짜로, 가격조사를 개시한 날짜로 하는 것이 원칙이다.

② 하나의 대상물건이라도 가치를 달리하는 부분은 이를 일괄하여 감정평가하는 것이 원칙이다.

③ 감정평가법인등은 대상물건의 특성에 비추어 사회통념상 필요하다고 인정되는 경우에는 대상물건의 감정평가액을 시장가치 외의 가치를 기준으로 결정할 수 있다.

④ 임대료를 평가할 때는 수익분석법을 쓰는 것이 원칙이다.

⑤ 자동차를 감정평가할 때에 원가법을 적용하여야 하나, 본래 용도의 효용가치가 없는 물건은 해체처분가액으로 평가한다.

96. 감정평가에 관한 규칙에 대한 설명으로 옳은 것은?

① 통상적인 시장에서 충분한 기간 동안 거래를 위해 공개된 후 정통한 당사자 사이에 신중하고 자발적 거래가 있을 경우 성립될 가능성이 높다고 인정되는 가액을 정상가치라고 한다.

② 인근지역이란 감정평가의 대상이 된 부동산이 속한 지역으로서 부동산의 이용이 동질적이고 가치형성요인 중 개별요인을 공유하는 지역을 말한다.

③ 동일수급권이란 대상부동산과 대체·경쟁 관계가 성립하고 가치형성에 서로 영향을 미치는 관계에 있는 다른 부동산이 존재하는 권역을 말하며, 인근지역과 유사지역을 제외한다.

④ 가치형성요인은 시장가치에 영향을 미치는 일반, 지역, 개별요인등을 말한다.

⑤ 유사지역이란 대상부동산이 속하지 아니하는 지역으로서 인근지역과 유사한 특성을 갖는 지역을 말한다.

97. 감정평가에 관한 규칙에 대한 설명으로 옳은 것은?

① 적산법은 기초가액에 기대이율을 곱하여 기대수익을 산정한 후 필요제경비를 합산하여 적산임료를 산정하는 방법이다.

② 거래사례비교법이란 대상물건과 같거나 비슷한 거래사례와 비교하여 대상물건에 맞게 사정보정, 시점수정, 가치형성요인 비교 등의 과정을 거쳐 임대료를 산정하는 방법이다.

③ 수익분석법이란 대상물건이 장래 산출할 것으로 기대되는 순수익이나 미래의 현금흐름을 환원하거나 할인하여 대상물건의 가액을 산정하는 감정평가방법을 말한다.

④ 공시지가기준법은 수익방식에 근거한 평가방법이다.

⑤ 원가법이란 대상물건의 재조달원가에 감가수정을 하여 대상물건의 임대료를 산정하는 감정평가방법을 말한다.

98. 물건별 평가방법 중 거래사례비교법을 활용하는 것을 모두 고르면?

(ㄱ) 건물

(ㄴ) 광업재단

(ㄷ) 동산

(ㄹ) 어업권

(ㅁ) 항공기

(ㅂ) 과수원

(ㅅ) 산지와 입목을 일괄하여 평가

(ㅇ) 소경목림

(ㅈ) 입목

(ㅊ) 상장주식 및 채권

99. 부동산 가격공시제도와 관련된 설명으로 옳은 것은?

① 국토교통부장관은 표준지공시지가를 조사산정하고자 할 때에는 한국부동산원에 의뢰한다.

② 표준지 공시지가는 국가지방자치단체 등이 그 업무와 관련하여 개별주택가격을 산정하는 경우에 그 기준이 된다.

③ 국토교통부장관은 공시기준일 이후에 분할·합병 등이 발생한 토지에 대하여는 대통령령으로 정하는 날을 기준으로 하여 개별공시지가를 결정·공시하여야 한다.

④ 국토교통부장관은 공동주택 중에서 선정한 표준주택에 대하여 매년 공시기준일 현재 적정가격을 조사·산정하고, 중앙 부동산가격공시위원회의 심의를 거쳐 이를 공시하여야 한다.

⑤ 시장·군수·구청장이 개별주택가격을 결정·공시하는 경우에는 해당 주택과 유사한 이용가치를 지닌다고 인정되는 표준주택가격을 기준으로 주택가격비준표를 사용하여 가격을 산정한다.

100. 부동산 가격공시제도와 관련된 설명으로 틀린 것은?

① 표준지로 선정된 토지에 대하여 개별공시지가를 결정·공시하지 아니할 수 있다.

② 개별공시지가에 이의가 있는 자는 그 결정·공시일부터 30일 이내에 서면으로 시장·군수 또는 구청장에게 이의를 신청할 수 있다.

③ 농지보전부담금 및 개발부담금의 부과대상이 아닌 토지는 개별공시지가를 결정· 공시하지 아니할 수 있다.

④ 표준주택가격 및 공동주택가격은 주택시장의 가격정보를 제공하고, 국가지방자치단체 등이 과세 등의 업무와 관련하여 주택의 가격을 산정하는 경우에 그 기준으로 활용될 수 있다.

⑤ 표준지의 도로상황은 표준지공시지가의 공시사항에 포함될 항목이다.

MEMO

3회독 복습문제

1. 표준산업분류상 부동산업에 대한 설명으로 틀리게 설명된 것은?

① 표준산업분류상 부동산업은 부동산 임대 및 공급업, 관련 서비스업으로 분류된다.
② 부동산 관련 서비스업은 부동산 관리업, 중개업, 자문 및 평가업으로 구분된다.
③ 부동산 관리업은 부동산 임대 및 공급업에 포함된다.
④ 부동산 관련 서비스업 중 부동산 관리업은 주거용 부동산 관리업과 비주거용 부동산 관리업으로 분류된다.
⑤ 부동산 투자 자문업과 부동산 중개 및 대리업은 표준산업분류상 부동산 관련 서비스업에 포함된다.

2. 부동산의 복합개념에 대한 설명으로 옳은 것은?

① 복합부동산이란 부동산을 법률적, 경제적, 기술적 측면 등의 복합된 개념으로 이해하는 것을 말한다.
② 민법상 부동산에는 토지 및 정착물외에 준부동산이 포함된다.
③ 경제적 개념의 부동산은 생산요소, 자산, 공간, 자연등을 의미한다.
④ 넓은 의미의 부동산에는 좁은 의미의 부동산에 의제부동산이 포함된다.
⑤ 준(準)부동산은 부동산과 유사한 공시방법을 갖춤으로써 좁은 의미의 부동산에 포함된다.

3. 부동산의 법률적 개념에 대한 설명으로 틀린 것은?

① 토지의 정착물은 토지의 일부로 간주되는 것과 토지와는 서로 다른 부동산으로 간주되는 것으로 구분된다.
② 구거(溝渠)는 토지의 일부로 간주되는 정착물이다.
③ 소유권 보존 등기된 입목(立木)과 명인방법에 의한 수목은 독립정착물로 간주된다.
④ 경작 수확물은 정착물로 간주된다.
⑤ 공장재단은 준(準)부동산으로서 넓은 의미의 부동산에 포함되며, 복합개념 중 법률적 개념의 부동산에 해당한다.

4. 토지의 분류에 대한 설명으로 옳은 것은?

① 택지는 도로에 직접 연결되지 않은 토지이다.

② 건폐율·용적률의 제한으로 건물을 짓지 않고 남겨둔 토지를 나지라고 한다.

③ 공지는 지력회복을 위해 정상적으로 쉬게 하는 토지를 말한다.

④ 이행지는 택지지역·농지지역·임지지역 상호간에 다른 지역으로 전환되고 있는 일단의 토지를 말한다.

⑤ 필지는 공간정보의 구축 및 관리등에 관한 법령과 부동산 등기법령에서 정한 하나의 등록단위로 표시하는 토지이다.

5. 주택의 분류와 관련된 설명으로 옳은 것은?

① 다세대주택은 주택으로 쓰는 1개 동의 바닥면적 합계가 $330m^2$ 이하이고, 층수가 5개 층 이하인 주택이다.

② 연립주택은 주택으로 쓰는 1개 동의 바닥면적 합계가 $660m^2$ 이하이고, 층수가 4개 층 이하인 주택이다.

③ 학교 또는 공장 등의 학생 또는 종업원 등을 위하여 쓰는 것으로서 1개 동의 공동취사시설 이용 세대 수가 전체의 50퍼센트 이상인 주택을 기숙사라고 한다.

④ 다세대주택은 학생 또는 직장인등 여러 사람이 장기간 거주할 수 있는 구조로 되어있는 주택을 의미한다.

⑤ 도시형생활주택은 350세대 미만의 국민주택규모에 해당하는 주택이다.

6. 토지의 특성과 관련된 설명으로 틀린 것은?

① 토지는 부증성으로 인해서 물리적 관점에 대해서는 장·단기적으로 완전비탄력적이다.

② 지리적 위치의 고정성으로 인하여 토지시장은 국지화된다.

③ 부증성은 지대 또는 지가를 발생시키며, 최유효이용의 근거가 된다.

④ 부증성 때문에 이용전환을 통한 토지의 용도적 공급은 불가능하다.

⑤ 부증성으로 인해 토지의 공급조절이 어렵고, 소유욕구가 증대된다.

7. 부동산의 수요 및 공급에 관한 설명으로 옳은 것은?

① 수요량은 일정 기간에 실제로 구매한 수량이다.

② 주택재고, 가계자산, 신규주택공급량, 자본총량은 저량이다.

③ 아파트 가격 상승이 예상되면 수요량의 변화로 동일한 수요곡선상에서 상향으로 이동하게 된다.

④ 담보대출 금리가 상승하면 수요량의 변화로 동일한 수요곡선상에서 하향으로 이동하게 된다.

⑤ 가격이외의 다른 요인이 수요량을 변화시키면 수요곡선자체의 변화가 나타난다.

8. 부동산의 수요에 관한 설명으로 옳은 것은?

① 보완재의 가격하락은 수요곡선을 우측으로 이동시킨다.

② 대체주택 가격하락은 수요곡선을 우측으로 이동시킨다.

③ 아파트의 가격이 하락하면 대체재인 오피스텔의 수요를 증가시키고 오피스텔의 가격을 상승시킨다.

④ 해당 부동산 가격의 하락은 수요곡선을 우측으로 이동시킨다.

⑤ 부동산 가격상승에 대한 기대감은 수요곡선의 좌측이동 요인이다.

9. 부동산의 공급과 관련된 설명으로 틀린 것은?

① 공급량은 주어진 가격수준에서 공급자가 공급하고자 하는 최대수량이다.

② 해당 가격이 변하여 공급량이 변하면 다른 조건이 불변일 때 동일한 공급곡선상에서 점의 이동이 나타난다.

③ 주택가격이 상승하면 주택용지의 공급이 증가한다.

④ 물리적 토지공급량이 불변이라면 토지의 물리적 공급은 토지가격 변화에 대해 완전비탄력적이다.

⑤ 신축 원자재 가격의 상승은 단기적으로 주택가격을 상승시키는 요인이 된다.

10. 수요공급의 변화에 따른 균형의 이동에 대한 설명으로 옳은 것은?

① 공급이 불변이고 수요가 감소하는 경우, 새로운 균형가격은 상승하고 균형거래량은 감소한다.

② 공급의 감소가 수요의 감소보다 큰 경우, 새로운 균형가격은 하락하고 균형거래량은 감소한다.

③ 수요의 증가폭이 공급의 증가폭보다 작다면 균형가격은 상승하고 균형량은 감소한다.

④ 수요가 증가하고, 공급이 감소하게 되면 균형가격은 하락하나, 균형거래량은 그 변화를 알 수가 없다.

⑤ 수요와 공급이 동시에 동일한 폭으로 감소한다면, 균형가격은 변하지 않으나, 균형 거래량은 감소한다

11. 수요와 공급의 변화에 따른 균형의 이동에 대한 설명으로 옳은 것은?

① 부동산 수요가 증가할 때 부동산 공급곡선이 탄력적일수록 부동산 가격은 더 크게 상승한다.

② 부동산 수요가 증가하면 부동산 공급이 비탄력적일수록 균형가격이 더 작게 상승한다.

③ 수요의 가격탄력성이 완전탄력적인 경우에 공급이 증가하면 균형가격은 변하지 않고 균형거래량은 증가한다.

④ 수요의 가격탄력성이 완전탄력적일 때 공급이 증가할 경우 균형거래량은 변하지 않는다.

⑤ 공급이 완전비탄력적일 때 수요가 증가하면 균형가격은 상승하고, 균형거래량은 증가하게 된다.

12. 다음 조건을 고려하여 균형가격(ㄱ)과 균형거래량(ㄴ)가 수요곡선의 기울기 절대값(ㄷ)의 변화를 각각 추정하면?

○ 수요함수 : Q_{D1} = 70−P (변화 전) → Q_{D2} = 120−$\frac{1}{2}$P (변화 후)

○ 공급함수 : Q_S = 2P−80

13. 수요의 가격탄력성에 대한 설명으로 틀린 것은?

① 수요의 가격탄력성은 해당 재화의 가격변화율에 대한 수요량의 변화율을 측정한 것이다.

② 미세한 가격변화에 수요량이 무한히 크게 변한다면, 이는 수요가 완전탄력적이라는 의미이다.

③ 수요의 가격탄력성이 비탄력적이라는 것은 가격변화율에 비해 수요량의 변화율이 작다는 것이다.

④ 수요의 가격탄력성이 완전비탄력적이면 가격의 변화와는 상관없이 수요량이 고정된다.

⑤ 수요곡선이 수직선이면 수요의 가격탄력성은 완전탄력적이다.

14. 수요와 공급의 가격탄력성에 대한 설명으로 틀린 것은?

① 일반적으로 부동산 수요에 대한 관찰기간이 길어질수록 수요의 가격탄력성은 커진다.

② 오피스텔에 대한 대체재가 감소함에 따라 오피스텔 수요곡선의 기울기는 점점 급해진다.

③ 일반적으로 임대주택을 건축하여 공급하는 기간이 짧을수록 공급의 가격탄력성은 작아진다.

④ 수요가 단위 탄력적일 경우, 임대주택의 임대료가 하락하더라도 전체 임대료 수입은 불변한다.

⑤ 수요의 가격탄력성이 1보다 작을 경우 전체 수입은 주택 임대료가 상승함에 따라 증가한다.

15. 아파트 매매가격이 5% 상승할 때, 아파트 매매수요량이 10% 감소하고 오피스텔 매매수요량이 8% 증가하였다. 이때 아파트 매매수요의 가격 탄력성의 정도(A), 오피스텔 매매수요의 교차탄력성(B), 아파트에 대한 오피스텔의 관계(C)는? (가격탄력성은 절댓값, 다른 조건은 동일)

16. 어느 지역의 오피스텔에 대한 수요의 가격탄력성은 0.8이고 소득탄력성은 0.6이다. 오피스텔 가격이 5% 상승함과 동시에 소득이 변하여 전체 수요량이 2% 증가하였다면, 이 때 소득의 변화율은? (오피스텔은 정상재, 가격탄력성은 절대값, 다른 조건은 동일함)

17. 아파트에 대한 수요의 가격탄력은 0.5, 소득탄력성은 0.4이고, 오피스텔 가격에 대한 아파트 수요량의 교차탄력성은 0.8이다. 아파트 가격, 아파트 수요자의 소득, 오피스텔 가격이 각각 5%씩 상승할 때, 아파트 전체 수요량의 변화율은? (아파트와 오피스텔은 대체재이며, 아파트에 대한 수요의 가격탄력성은 절댓값으로 나타내며, 다른 조건은 동일함)

18. 부동산 경기변동과 관련된 설명으로 옳은 것은?

① 부동산 경기는 일반경기와 같이 일정한 주기와 동일한 진폭으로 규칙적이고 안정적으로 반복되며 순환된다.
② 하향국면은 매수자가 중시되고, 과거의 거래사례가격은 새로운 거래가격의 하한이 되는 경향이 있다.
③ 회복국면은 매수자가 중시되고, 과거의 거래사례가격은 새로운 거래의 기준가격이 되거나 하한이 되는 경향이 있다.
④ 부동산 경기변동은 일반 경기변동에 비해 정점과 저점 간의 진폭이 작다.
⑤ 상향국면에서 직전국면 저점의 거래사례가격은 현재 시점에서 새로운 거래가격의 하한이 되는 경향이 있다.

19. 거미집 모형에 관한 설명으로 틀리게 연결된 것은? (Qd는 수요량, Qs는 공급량을 의미하며, 탄력성과 기울기는 절대값으로 비교한다.)

(ㄱ) 수요곡선의 기울기 : -0.7, 공급곡선의 기울기: 0.6

(ㄴ) 수요의 가격탄력성의 절대값이 공급의 가격탄력성이 절대값보다 클 때

(ㄷ) A시장 : Qd=100-P, 2Qs = -10+P

(ㄹ) B시장 : Qd=500-2P, 2Qs = 50+4P

(ㅁ) C시장 : $Qd = 100 - \frac{1}{2}P$, Qs = 40+2P

① (ㄱ) : 발산형
② (ㄴ) : 수렴형
③ (ㄷ) : 수렴형
④ (ㄹ) : 발산형
⑤ (ㅁ) : 발산형

20. 부동산 시장에 대한 설명으로 옳은 것은?

① 부동산 시장은 진입장벽이 존재하지 않으므로 불완전경쟁 시장이 된다.
② 장기보다 단기에서 공급의 가격탄력성이 크므로 단기적으로는 수급조절이 용이한 편이다.
③ 특정 지역에 소수의 수요자와 공급자가 존재하는 불완전경쟁시장이다.
④ 개별성으로 인하여 일반 재화에 비해 표준화가 용이한 편이다.
⑤ 부증성으로 인하여 특정한 지역에 국한되는 시장의 지역성 혹은 지역 시장성이 존재한다.

21. 부동산 시장에 대한 설명으로 틀린 것은?

① 일반적으로 매수인의 제안가격과 매도인의 요구가격 사이에서 가격이 형성된다.

② 부동산의 유형, 규모, 품질 등에 따라 구별되는 하위시장이 존재한다.

③ 이용의 비가역적 특성 때문에 일반재화에 비해 의사결정지원분야의 역할이 더욱 중요하다.

④ 시장의 분화현상은 경우에 따라 부분시장별로 시장의 불균형을 초래하기도 한다.

⑤ 정보의 대칭성으로 인해 부동산 가격의 왜곡현상이 나타나기도 한다.

22. 주거분리와 여과현상에 대한 설명으로 틀린 것은?

① 주택 여과과정은 주택의 질적 변화 및 수요자의 소득변화에 따른 연쇄적 가구이동 현상이다.

② 고소득층 주택의 개량비용이 개량 후 주택가치의 상승분보다 크다면 상향여과과정 이 발생하기 쉽다.

③ 상위계층에서 사용되는 기존주택이 하위계층에서 사용되는 것을 하향여과라 한다.

④ 저급주택이 수선되거나 재개발되어 상위계층에서 사용되는 것을 상향여과라고 한다.

⑤ 공가(空家)는 여과의 중요한 전제조건이다.

23. 주거분리와 여과현상에 대한 설명으로 틀린 것은?

① 저소득가구의 침입과 천이 현상으로 인하여 주거입지의 변화가 야기될 수 있다.

② 주거분리는 소득에 따라 주거지역이 지리적으로 나뉘는 현상이다.

③ 정(+)의 외부효과를 추구하고, 부(-)의 외부효과를 회피하려는 동기에서 주거분리 현상이 발생한다.

④ 고소득층 주거지와 저소득층 주거지가 인접한 경우, 경계지역 부근의 저소득층 주택은 할인되어 거래되고 고소득층 주택은 할증되어 거래된다.

⑤ 주택의 하향여과 과정이 원활하게 작동하면 저급주택의 공급량이 증가한다.

24. 효율적 시장에 대한 설명으로 틀린 것은?

① 약성 효율적 시장에서는 과거의 역사적 자료를 분석하여 정상이윤을 초과하는 이윤을 획득할 수 없다.

② 준강성 효율적 시장은 공식적으로 이용가능한 정보를 기초로 기본적 분석을 하여 투자해도 초과이윤을 얻을 수 없다.

③ 강성효율적 시장은 공표된 것이건 그렇지 않은 것이건 어떠한 정보도 이미 가치에 반영되어 있는 시장이다.

④ 강성효율적 시장에서는 아직 공표되지 않은 정보를 분석해서 초과이윤을 얻을 수 있다.

⑤ 부동산 시장은 불완전경쟁시장이지만 할당효율적 시장이 될 수 있다.

25. 대형마트가 개발된다는 다음과 같은 정보가 있을 때 합리적인 투자자가 최대한 지불할 수 있는 이 정보의 현재가치는?

- 대형마트 개발예정지 인근에 일단의 A토지가 있다.
- 2년 후 대형마트가 개발될 가능성은 40%로 알려져 있다.
- 2년 후 대형마트가 개발되면 A토지의 가격은 15억 4,000만원, 개발되지 않으면 8억 2,000만원으로 예상된다.
- 투자자의 요구수익률(할인율)은 연 20%이다..

① 2억원　　② 2억 5000만원　　③ 3억원　　④ 3억 5000만원　　⑤ 4억원

26. 지대이론에 대한 설명으로 옳은 것은?

① 절대지대설은 비옥도를 중시하며, 비옥한 토지의 희소성과 수확체감의 법칙을 전제한다.

② 마르크스에 따르면 지대는 우등지와 열등지의 생산성과의 차이에 의해 결정된다.

③ 튀넨에 따르면 지대는 중심지에서 거리가 멀어짐에 따라 지대가 점점 증가하는 증가함수이다.

④ 차액지대설에 따르면 한계지의 지대는 존재하지 않는다.

⑤ 튀넨에 의하면 도심에 가까울수록 조방 농업이 입지하고, 교외로 갈수록 집약농업이 입지한다.

27. 지대이론에 대한 설명으로 틀린 것은?

① 준지대는 토지 이외의 고정생산요소에 귀속되는 소득으로서 영구적으로 지대의 성격을 가지지는 못한다.

② 마샬에 의하면 준지대는 생산을 위하여 사람이 만든 기계나 기구들로부터 얻는 소득이다.

③ 어떤 생산요소가 다른 용도로 전용되지 않고 현재의 용도에 그대로 사용되도록 지급하는 최소한의 지급액을 경제지대라고 한다.

④ 입찰지대곡선은 여러 개의 지대곡선 중 가장 높은 부분을 연결한 우하향하는 포락선이다.

⑤ 헤이그의 마찰비용이론에서는 교통비와 지대를 마찰비용으로 본다.

28. 입지이론에 관한 설명 중 틀린 것은?

① 베버는 최소비용으로 제품을 생산할 수 있는 곳을 기업의 최적입지지점으로 본다.

② 크리스탈러에 의하면 재화의 도달범위란 중심지 기능이 유지되기 위한 최소한의 수요요구 규모를 의미한다.

③ 레일리는 중심지가 소비자에게 미치는 영향력의 크기는 중심지의 크기에 비례하고 거리의 제곱에 반비례한다고 보았다.

④ 컨버스는 경쟁관계에 있는 두 소매시장간 상권의 경계지점을 확인할 수 있도록 소매중력모형을 수정하였다.

⑤ 넬슨은 특정 점포가 최대 이익을 얻을 수 있는 매출액을 확보하기 위해서는 어떤 장소에 입지하여야 하는지를 제시하였다.

29. 입지 및 상권이론에 대한 설명으로 틀린 것은?

① 베버에 의하면 중량감소산업이거나 원료지수가 1보다 큰 경우, 원료지향형 입지가 유리하다.

② 크리스탈러에 의하면 중심지 성립요건은 최소요구범위가 재화의 도달범위 내에 있을 때이다.

③ 컨버스는 소비자들의 특정 상점의 구매를 설명할 때 실측거리, 시간거리, 매장규모와 같은 공간요인뿐만 아니라 효용이라는 비공간요인도 고려하였다.

④ 허프는 소비자가 특정 점포를 이용할 확률은 점포와의 거리, 경쟁점포의 수와 면적에 의해서 결정된다고 보았다.

⑤ 크리스탈러는 공간적 중심지 규모의 크기에 따라 상권의 규모가 달라진다는 것을 실증하였다.

30. 레일리(W. Reilly)의 소매중력모형에 따라 C신도시의 소비자가 A도시와 B도시에서 소비하는 월 추정소비액은 각각 얼마인가?

- A도시 인구: 75,000명, B도시 인구: 32,000명
- C신도시: A도시와 B도시 사이에 위치
- A도시와 C신도시 간의 거리: 5km
- B도시와 C신도시 간의 거리: 4km
- C신도시 소비자의 잠재 월 추정소비액: 5억원

① ㄱ: 1억 , ㄴ: 4억   ② ㄱ: 2억 , ㄴ: 3억

③ ㄱ: 3억 , ㄴ: 2억   ④ ㄱ: 4억 , ㄴ: 1억

⑤ ㄱ: 4억 5000만원 , ㄴ: 5000만원

31. 컨버스의 분기점 모형에 기초할 때, A시와 B시의 상권 경계지점은 A시로부터 얼마만큼 떨어진 지점인가? (단, 주어진 조건에 한함)

- A시와 B시는 동일 직선상에 위치하고 있다.
- A시 인구: 32,000명
- B시 인구: 8,000명
- A시와 B시 사이의 직선거리: 9km

32. 허프 모형을 활용하여, X지역의 주민이 할인점 C를 방문할 확률과 할인점 C의 월 추정매출액을 순서대로 나열한 것은?

- ○ X지역의 현재 주민: 8,000명
- ○ 1인당 월 할인점 소비액: 50만원
- ○ 공간마찰계수: 2
- ○ X지역의 주민은 모두 구매자이고, A, B, C 할인점에서만 구매한다고 가정함

33. 도시내부구조이론에 관한 설명으로 틀린 것은?

① 해리스와 울만의 다핵심이론은 몇 개의 분리된 핵이 점진적으로 통합됨에 따라 전체적인 도시구조가 형성된다는 이론이다.

② 버제스의 동심원이론에 따르면 천이지대는 고소득층 지대보다 도심에서 멀리 입지한다.

③ 해리스와 울만에 따르면 유사한 도시활동은 집적으로부터 발생하는 이익 때문에 집중하려는 경향이 있다.

④ 호이트는 도시성장과 분화가 주요 교통망에 따라 부채꼴 모양으로 확대된다고 보았다.

⑤ 선형이론에 의하면 고소득층 주거지는 주요 교통노선을 축으로 하여 접근성이 양호한 지역에 입지하는 경향이 있다.

34. 시장실패 및 정부의 시장개입에 대한 설명으로 틀린 것은?

① 공공재, 외부효과, 정보의 비대칭성, 재화의 이질성은 부동산 시장실패 요인이 된다.

② 공공재는 경합성과 배제성으로 인하여 생산을 시장기구에 맡기면 과소생산되는 경향이 있다.

③ 한 사람의 행위가 의도하지 않게 제3자의 경제적 후생에 영향을 미치지만, 그에 대한 보상이 이루어지지 않는 현상을 외부효과라고 하며, 이는 시장실패의 원인이 된다.

④ 개발부담금 부과는 정부의 간접적 시장개입수단이다.

⑤ 담보인정비율(LTV) 및 총부채상환비율(DTI)의 강화는 시장개입수단 중 금융규제이자 간접적 개입방식이다.

35. 토지정책에 대한 설명으로 옳은 것은?

① 재건축부담금은 현재 개발이익환수에 관한 법률에 의해 시행되고 있다.

② 토지선매란 토지거래 허가구역내에서 허가신청이 있을 때 공익목적을 위하여 사적 거래에 우선하여 국가, 지자체, 한국토지주택공사 등이 그 토지를 수용할 수 있는 제도이다.

③ 토지거래허가제는 토지에 대한 개발과 보전의 문제가 발생했을 때 이를 합리적으로 조정하는 제도이다.

④ 개발권양도제는 개발이 제한되는 지역의 토지 소유권에서 개발권을 분리하여 개발이 필요한 다른 지역에 토지의 소유권을 양도하게 하는 제도이다.

⑤ 정부는 한국토지주택공사(LH)를 통하여 토지비축업무를 수행할 수 있다.

36. 토지정책에 대한 설명으로 틀린 것은?

① 토지은행의 비축토지는 각 지방자치단체에서 직접 관리하기 때문에 관리의 효율성을 기대할 수 있다.

② 토지거래계약에 관한 허가구역은 투기적인 거래가 성행하거나 지가가 급격히 상승하는 지역을 대상으로 지정될 수 있다.

③ 지구단위계획을 통해, 토지이용을 합리화하고 그 기능을 증진시키며 미관을 개선하고 양호한 환경을 확보할 수 있다.

④ 토지거래허가구역으로 지정된 지역에서 토지거래계약을 체결할 경우 시장·군수 또는 구청장의 허가를 받아야 한다.

⑤ 개발부담금제는 개발사업의 시행으로 이익을 얻은 사업시행자로부터 개발이익의 일정액을 환수하는 제도이다.

37. 임대주택 정책에 대한 설명으로 옳은 것은?

① 규제임대료가 균형임대료보다 높아야 주거비 부담 완화 효과를 기대할 수 있다.

② 국가 재정 및 주택도시기금의 지원받아 전세계약의 방식으로 공급하는 공공임대주택을 영구임대주택이라고 한다.

③ 주거급여와 주택 바우처는 모두 소비자 보조 방식이다.

④ 공공임대주택 공급정책은 주택 바우처와 같은 소비자 보조에 비해 주택 수요자의 선택의 폭을 넓혀주는 장점이 있다.

⑤ 장기전세주택은 국가나 지방자치단체의 재정이나 주택도시기금의 자금을 지원받아 대학생, 사회초년생, 신혼부부 등 젊은 층의 주거안정을 목적으로 공급되고 있다.

38. 임대주택 정책에 대한 설명으로 틀린 것은?

① 현재 우리나라에서는 공공주택특별법상 공공지원민간임대주택이 공급되고 있다.

② 정부가 저소득층에게 임차료를 보조해주면 저소득층 주거의 질적 수준이 높아질 수 있다.

③ 임대료 상한을 균형가격 이하로 규제하면 임대주택의 초과수요 현상이 발생할 수 있다.

④ 정부가 임대료를 균형가격 이하로 규제하면 민간임대주택의 공급량은 감소할 수 있다.

⑤ 국가 재정이나 및 주택도시기금의 자금을 지원받아 최저소득 계층, 저소득 서민, 젊은 층 및 장애인·국가유공자 등 사회 취약계층 등의 주거안정을 목적으로 공급하는 공공임대주택을 통합공공임대주택이라고 한다.

39. 분양주택 정책에 대한 설명으로 틀린 것은?

① 신규주택의 분양가격을 시장가격 이하로 규제하면 주택공급이 위축될 우려가 있다.

② 소비자 측면에서 후분양제도는 선분양제도보다 공급자의 부실시공 및 품질저하에 대처하기 유리하다.

③ 선분양제도는 준공 전 분양대금의 유입으로 사업자의 초기자금부담을 완화할 수 있다.

④ 사업주체가 일반인에게 공급하는 공동주택 중 공공택지에 분양하는 도시형생활주택에는 분양가상한제가 적용된다.

⑤ 주택법령상 분양가상한제 적용주택 및 그 주택의 입주자로 선정된 지위에 대하여 전매를 제한할 수 있다.

40. 아래 정책 중 현행법상 미실시중인 정책을 모두 고르면?

[보 기]

(1) 전·월세 상한제	: [실시 vs 미실시]	(7) 택지소유상한제	: [실시 vs 미실시]
(2) 종합부동산세	: [실시 vs 미실시]	(8) 분양가상한제	: [실시 vs 미실시]
(3) 토지거래허가구역	: [실시 vs 미실시]	(9) 재건축부담금제	: [실시 vs 미실시]
(4) 토지초과이득세	: [실시 vs 미실시]	(10) 실거래가신고제	: [실시 vs 미실시]
(5) 공공토지비축제도	: [실시 vs 미실시]	(11) 개발부담금제	: [실시 vs 미실시]
(6) 재개발초과이익환수	: [실시 vs 미실시]	(12) 개발권이전제(TDR)	: [실시 vs 미실시]

41. 현재 시행되는 제도와 법률 연결이 틀린 것을 모두 고르면?

① 실거래가 신고 - 부동산 거래신고등에 관한 법률

② 개발부담금제 - 개발이익 환수에 관한 법률

③ 투기과열지구의 지정 - 주택법

④ 표준주택가격 공시 - 부동산가격공시에 관한 법률

⑤ 공공토지비축 - 공공토지비축에 관한 법률

⑥ 개발권양도제 - 국토의 계획 및 이용에 관한 법률

⑦ 재건축부담금 - 도시 및 주거환경정비법

⑧ 부동산실명제 - 부동산 실권리자명의 등기에 관한 법률

42. 조세정책에 대한 설명으로 옳은 것은?

① 상속세와 재산세는 부동산의 취득단계에 부과한다.

② 증여세와 종합부동산세는 부동산의 보유단계에 부과한다.

③ 양도소득세가 중과되면 매도자는 거래 성립시기를 당기려 하고, 주택 보유기간이 짧아지는 현상이 발생한다.

④ 수요의 탄력성보다 공급의 탄력성이 크다면, 부과되는 조세에 대해 수요자보다 공급자의 부담이 더 커진다.

⑤ 부가가치세와 양도소득세는 모두 국세라는 공통점이 있다.

43. 부동산 투자에 대한 설명으로 틀린 것은?

① 부동산 가격이 물가상승률과 연동하여 상승한다면 부동산은 실물자산으로서 인플레이션 햇지(hedge) 효과가 있다.

② 타인자본, 즉 레버리지를 활용하면 투자 위험이 증가된다.

③ 전체투자수익률과 저당수익률이 동일하다면 부채비율의 변화가 지분수익률에 영향을 미치지 못한다.

④ 저당수익률이 총자본수익률보다 클 때는 부채비율을 높이는 방식으로 자기자본수익률을 증대시킬 수 있다.

⑤ 정(+)의 레버리지가 예상되더라도 부채비율을 높이게 되면 타인자본으로 인한 투자의 금융적 위험이 증대될 수 있다.

44. 투자에서 (ㄱ) 타인자본을 50% 활용하는 경우와 (ㄴ) 타인자본을 활용하지 않는 경우, 1년간 자기자본수익률을 산정하면?

- 부동산 매입가격: 2억원
- 1년 후 부동산 처분
- 순영업소득(NOI): 연 500만원(기간 말 발생)
- 보유기간 동안 부동산 가격 상승률: 연 5%
- 대출조건: 이자율 연 4%, 대출기간 1년, 원리금은 만기일시상환

45. 투자 위험에 대한 설명으로 틀린 것을 고르면?

① 인플레이션 위험은 부동산의 낮은 환금성에 기인한다.
② 투자위험은 분산 및 표준편차로 측정할 수 있다.
③ 투자위험에는 전반적인 물가상승으로 인해 발생하는 구매력 하락위험이 있다.
④ 장래에 인플레이션이 예상되는 경우 대출기관은 고정금리보다는 변동이자율로 대출하기를 선호한다.
⑤ 위치적 위험이란 환경이 변하면서 대상 부동산의 상대적 위치가 변화하는 위험이다.

46. 투자 수익률에 대한 설명으로 옳게 설명된 것을 모두 고르면?

① 투자자가 투자부동산에 대하여 자금을 투자하기 위해 충족되어야 할 최소한의 수익률을 기대수익률이라고 한다.
② 요구수익률은 투자가 이루어진 후 달성된 수익률을 말한다.
③ 기대수익률은 다른 투자의 기회를 포기한다는 점에서 기회비용이라고도 한다.
④ 금리상승은 투자자의 요구수익률을 하락시키는 요인이다.
⑤ 무위험률의 하락은 요구수익률을 상승시키는 요인이다.
⑥ 개별투자자가 위험을 기피할수록 요구수익률은 낮아진다.
⑦ 일반적으로 위험과 요구수익률은 비례관계에 있다.
⑧ 요구수익률이 기대수익률보다 낮을 경우 투자안이 채택된다.
⑨ 기대수익률이 요구수익률보다 작은 경우 투자안이 채택된다.

47. 위험의 처리 및 관리방안에 대한 설명으로 옳은 것은?

① 위험조정할인율은 장래 수익을 현재가치로 환원할 때 위험에 따라 조정된 할인율이다.
② 위험조정할인율을 적용하는 방법으로 장래 기대되는 소득을 현재가치로 환산하는 경우, 위험한 투자안일수록 낮은 할인율을 적용한다.
③ 위험조정할인율법은 투자효과를 분석하는 모형의 투입요소가 변화함에 따라, 결과에 어떠한 영향을 주는가를 분석한다.
④ 보수적 예측은 투자수익의 추계치를 상향조정하는 방법이다.
⑤ 투자위험을 처리할 때 위험한 투자안을 제외시키는 방법을 위험의 전가라고 한다.

48. 투자안의 선택 및 포트폴리오에 대한 설명으로 틀린 것은?

① 평균-분산 지배원리에 따르면 두 자산의 기대수익률이 동일할 경우, 표준편차가 낮은 투자안이 유리하다.

② 효율적 프론티어(효율적 전선)란 평균-분산 지배원리에 의해 모든 위험 수준에서 최대의 기대수익률을 얻을 수 있는 포트폴리오의 집합을 말한다.

③ 효율적 프론티어의 우상향에 대한 의미는 투자자가 높은 수익률을 얻기 위해 많은 위험을 감수하는 것이다.

④ 최적의 포트폴리오는 투자자의 무차별곡선과 효율적 프론티어의 접점에서 선택된다.

⑤ 위험의 회피도가 높을수록 투자자의 무차별곡선의 기울기는 완만하게 나타난다.

49. 포트폴리오에 대한 설명으로 옳은 것은?

① 분산투자는 포트폴리오를 구성하는 투자자산 종목의 수를 늘릴수록 체계적 위험을 감소시는 것을 목적으로 한다.

② 자산간 상관계수가 1인 두 개의 자산으로 포트폴리오를 구성할 때 포트폴리오의 위험감소 효과가 최대로 나타난다.

③ 개별자산의 기대수익률 간 상관계수가 0인 두 개의 자산으로 포트폴리오를 구성할 때 포트폴리오의 위험감소효과가 최대로 나타난다.

④ 자산 간의 상관계수가 완전한 음(-)의 관계에 있을 때, 포트폴리오 구성을 통한 위험절감 효과가 나타나지 않는다.

⑤ 2개의 자산의 수익률이 서로 같은 방향으로 움직일 경우, 상관계수는 양의 값을 가지므로 위험분산 효과가 작아진다.

50. 화폐의 시간가치에 대한 설명으로 틀린 것을 모두 고르면?

① 5년 후 주택구입에 필요한 5억원을 모으기 위해 매월말 불입해야 하는 적금액을 계산할 때, 감채기금계수를 활용한다.

② 매월말 60만원씩 5년간 들어올 것으로 예상되는 임대수입의 현재가치를 계산하려면, 연금의 미래가치계수를 활용한다.

③ 연금의 현재가치계수와 감채기금계수는 역수 관계이다.

④ 임대기간 동안 월임대료를 모두 적립할 경우, 이 금액의 미래 가치를 산정한다면 연금의 내가계수를 사용한다.

⑤ 현재 10억원인 아파트가 매년 5%씩 가격이 상승한다고 가정할 때, 3년 후 아파트 가격을 산정하는 경우 일시불의 미래가치계수를 사용한다.

⑥ 원금균등상환방식으로 대출한 가구가 매기 상환액을 산정할 때는 융자액에 저당상수를 곱하여 산정한다.

⑦ 잔금비율은 1에서 상환비율을 차감한 값이다.

51. A는 매월 말에 50만원씩 5년 동안 적립하는 적금에 가입하였다. 이 적금의 명목금리는 연 3%이며, 월복리 조건이다. 이 적금의 현재가치를 계산하기 위한 식으로 옳은 것은? (주어진 조건에 한함)

① $500,000 \times \left\{ \dfrac{(1+0.03)^5 - 1}{0.03} \right\}$

② $500,000 \times \left\{ \dfrac{\left(1+\dfrac{0.03}{12}\right)^{5 \times 12} - 1}{\dfrac{0.03}{12}} \right\}$

③ $500,000 \times \left(1+\dfrac{0.03}{12}\right)^{5 \times 12}$

④ $500,000 \times \left\{ \dfrac{0.03}{1-(1+0.03)^{-5}} \right\}$

⑤ $500,000 \times \left\{ \dfrac{1-\left(1+\dfrac{0.03}{12}\right)^{-5 \times 12}}{\dfrac{0.03}{12}} \right\}$

52. 현금흐름에 대한 설명으로 틀린 것은?

① 가능총소득은 단위면적당 추정 임대료에 임대면적을 곱하여 구한 소득이다.

② 순영업소득은 유효총소득에서 영업경비를 차감한 소득이다.

③ 영업경비는 부동산 운영과 직접 관련 있는 경비로, 광고비, 전기세, 수선비, 재산세가 이에 해당된다.

④ 세전지분복귀액은 자산의 순매각금액에서 미상환 저당잔액을 합산하여 지분투자자의 몫으로 돌아오는 금액을 말한다.

⑤ 세전현금흐름은 지분투자자에게 귀속되는 세전소득을 말하는 것으로, 순영업소득에 부채서비스액을 차감한 소득이다.

53. 현금흐름에 대한 설명으로 틀린 것은?

① 동일 현금흐름의 투자안이라도 요구수익률에 따라 순현재가치(NPV)가 달라질 수 있다.

② 순현재가치는 투자자의 요구수익률로 할인한 현금유입의 현가에서 현금유출의 현가를 뺀 값이다.

③ 내부수익률법에서는 내부수익률과 실현수익률을 비교하여 투자 여부를 결정한다.

④ 수익성지수(PI)는 투자로 인해 발생하는 현금유입의 현가를 현금유출의 현가로 나눈 비율이다.

⑤ 내부수익률법에서는 내부수익률이 요구수익률보다 작은 경우 투자안이 기각된다.

54. 현금흐름에 대한 설명으로 옳은 것은?

① 부동산 투자분석기법 중 화폐의 시간가치를 고려한 방법에는 순현재가치법, 내부수익률법, 회계적 이익률법이 있다.

② 내부수익률이란 순현가를 1로 만들고, 수익성지수를 0으로 만드는 할인율이다.

③ 순현가법에서는 재투자율로 내부수익률을 사용하고, 내부수익률법에서는 요구수익률을 사용한다.

④ 내부수익률이란 투자로부터 기대되는 현금유입의 현재가치와 현금유출의 현재가치를 같게 하는 할인율이다.

⑤ 내부수익률은 순현가를 0보다 작게 하는 할인율이다.

55. 다음 표와 같은 투자안이 있다. 이 사업들은 모두 사업 기간이 1년이며, 사업 초기 (1월 1일) 에 현금지출만 발생하고 사업 말기 (12월 31일)에 현금 유입만 발생한다고 한다. 할인율이 연 10%라고 할 때 다음을 산정하면?

< 보 기 >

투자안	현금지출	현금유입
A	2,000	2,365
B	3,000	3,520
C	4,000	4,510
D	5,000	5,632

1) A와 B의 순현가	2) C와 D의 수익성지수	3) A와 D의 내부수익률
A 순현가 = [　　　]	C의 수익성지수 = [　　　]	A 내부수익률 = [　　　]
B 순현가 = [　　　]	D의 수익성지수 = [　　　]	D 내부수익률 = [　　　]

56. 투자 분석에 대한 설명으로 틀린 것은?

① 수익률법과 승수법은 투자 현금흐름의 시간가치를 반영하지 않고 타당성을 분석하는 방법이다.

② 투자 타당성은 총투자액 또는 지분투자액을 기준으로 분석할 수 있으며, 순소득승수는 지분투자액을 기준으로 한다.

③ 세전지분투자수익률은 지분투자액에 대한 세전현금흐름의 비율이다.

④ 종합자본환원율은 순영업소득을 총투자액으로 나눈 비율이다.

⑤ 순소득승수는 총투자액을 순영업소득으로 나눈 값이다.

57. 투자 분석에 대한 설명으로 옳은 것은?

① 부채비율은 지분에 대한 부채의 비율이며, 대부비율이 50%일 경우에는 부채비율도 50%가 된다.

② 부채감당률이란 유효총소득이 부채서비스액의 몇 배가 되는가를 나타내는 비율이다.

③ 회계적 이익률법에서는 투자안의 이익률이 목표이익률보다 높은 투자안 중에서 이익률이 가장 높은 투자안을 선택하는 것이 합리적이다.

④ 회수기간은 투자시점에서 발생한 비용을 회수하는데 걸리는 기간을 말하며, 회수기간법에서는 투자안 중에서 회수기간이 가장 장기인 투자안을 선택한다.

⑤ 채무불이행률은 순영업소득이 영업경비와 부채서비스액을 감당할 수 있는지를 측정하는 비율이며, 채무불이행률을 손익분기율이라고도 한다.

58. 부동산 금융에 관한 설명으로 틀린 것은?

① 주택시장이 침체하여 거래가 부진하면 수요자 금융을 확대하여 주택경기를 활성화 시킬 수 있다.

② 주택개발금융은 주택을 구입하려는 사람이 주택을 담보로 제공하고 자금을 제공받는 형태의 금융을 의미한다.

③ 주택소비금융은 주택구입능력을 제고시켜 자가주택 소유를 촉진시킬 수 있다.

④ 주택도시기금은 국민주택의 건설이나 국민주택규모 이하의 주택 구입에 출자 또는 융자할 수 있다.

⑤ 아래 내용을 읽고 지분 / 부채 / 메자닌을 채우시오

부동산 신디케이트	1	사모, 공모방식 증자	6
주택상환사채	2	부동산 투자펀드	7
부동산투자회사(REITs)	3	조인트벤처	8
자산유동화증권(ABS)	4	저당유동화증권(MBS)	9
전환사채 (CB)	5	신주인수권부사채	10

59. 주택 담보대출에 대한 설명으로 틀린 것은?

① 담보인정비율(LTV)은 주택의 담보가치를 중심으로 대출규모를 결정하는 기준이다.

② 차주상환능력(DTI)은 차입자의 소득을 중심으로 대출규모를 결정하는 기준이다.

③ 총부채원리금상환비율(DSR)은 차주의 총 금융부채 상환부담을 판단하기 위하여 산정하는 차주의 연간소득 대비 연간 금융부채 원리금 상환액 비율을 말한다.

④ 금융당국은 위축된 주택금융시장을 활성화하기 위하여 담보인정비율(LTV)과 총부채상환비율(DTI)을 하향조정한다.

⑤ 정부는 주택소비금융의 축소와 금리인상, 대출규제의 강화로 주택가격의 급격한 상승에 대처한다.

60. 담보대출을 희망하는 A의 소유 주택 시장가치가 6억원이고 연소득이 6,000만원일 때, LTV, DTI를 고려하여 A가 받을 수 있는 최대 대출가능금액은?

- 연간 저당상수 : 0.12
- 담보인정비율(LTV): 시장가치기준 60%
- 총부채원리금상환비율(DTI) : 40%
- 두 가지 대출 승인기준을 모두 충족
- 기존 대출액 : 5000만원

61. 시장가격이 5억원이고 순영업소득이 1억원인 상가를 보유하고 있는 A가 추가적으로 받을 수 있는 최대 대출가능 금액은?

- 연간 저당상수: 0.2
- 대출승인조건(모두 충족하여야 함)
  - 담보인정비율(LTV) 60% 이하
  - 부채감당률(DCR): 2 이상
- 상가의 기존 저당대출금: 1억원

62. 부동산 금융에 대한 설명으로 옳은 것은?

① 고정금리대출의 차입자는 시장이자율이 약정이자율보다 높아졌을 때 조기상환을 고려하게 된다.

② 코픽스(Cost of Funds Index)는 은행의 자금조달비용을 반영한 고정금리 대출의 기준금리이다.

③ 고정금리에서 시장이자율이 계약이자율보다 높아지면 대출기관은 인플레이션 위험에 직면한다.

④ 고정금리 주택담보대출의 이자율은 기준금리에 가산금리를 합하여 결정된다.

⑤ 고정금리 주택담보대출은 이자율 변동으로 인한 위험을 차주에게 전가하는 방식으로 금융기관의 이자율 변동위험을 줄일 수 있다.

63. 저당의 상환에 대한 설명으로 틀린 것은? [다른 모든 조건 동일]

① 원금균등상환방식의 경우, 매기간에 상환하는 원리금상환액과 대출잔액이 점차적으로 감소한다.

② 원리금균등상환방식의 경우, 매기간에 상환하는 원금상환액이 점차적으로 감소한다.

③ 체증(점증)상환방식은 원금균등분할상환방식에 비해 대출잔액이 천천히 감소하므로 상대적으로 이자부담은 큰 편이다.

④ 원리금균등분할상환방식은 원금균등분할상환방식에 비해 대출 직후에는 원리금의 상환액이 적다.

⑤ 원금만기일상환방식은 원금균등분할상환방식에 비해 대출채권의 가중평균상환기간 (duration)이 긴 편이다.

64. 저당의 상환에 대한 설명으로 옳은 것은? [다른 모든 조건 동일]

① 원금균등상환방식의 경우, 원리금균등상환방식보다 대출금의 가중평균상환기간 (duration)이 더 길다.

② 만기일시상환방식은 원금균등상환에 비해 대출 금융기관의 이자수입이 줄어든다.

③ 대출금을 조기상환하는 경우 원리금균등상환방식에 비해 원금균등상환방식의 상환액이 더 크다.

④ 원금균등상환방식은 원리금균등상환방식에 비해 전체 대출기간 만료 시 누적원리금 상환액이 더 작다.

⑤ 체증(점증)상환 방식의 경우, 미래 소득이 감소될 것으로 예상되는 은퇴예정자에게 적합하다.

65. A씨는 은행으로부터 4억원을 대출받았다. 대출조건이 다음과 같을 때, A씨가 3회차에 상환할 원금과 3회차에 납부할 이자액을 산정하면?

- 대출금리: 고정금리, 연 6%
- 대출기간: 20년
- 저당상수: 0.087
- 원리금상환조건: 원리금균등상환, 연단위 매기간 말 상환

66. A는 주택 구입을 위해 연초에 6억원을 대출 받았다. 대출 조건이 다음과 같을 때, ㉠ 대출금리와 ㉡ 2회차에 상환할 이자액은?

- 대출금리: 고정금리
- 대출기간: 30년
- 원리금 상환조건: 원금균등상환방식
- 매년 말 연단위로 상환
  − 1회차 원리금 상환액: 4,400만원

67. 주택연금에 대한 설명으로 옳은 것은?

① 주택연금이란 주택에 저당을 설정하고, 금융기관으로부터 주택가치만큼 일시불로 노후생활자금을 받는 제도다.

② 주택연금은 수령기간이 경과할수록 대출잔액이 감소된다.

③ 주택연금의 보증기관은 주택도시보증공사(HUG)이다.

④ 주택연금은 중도상환시 2%의 수수료를 부담한다.

⑤ 한국주택금융공사는 주택연금 담보주택의 가격하락에 대한 위험을 부담할 수 있다

68. 프로젝트 파이낸싱에 대한 설명으로 틀린 것은?

① 사전 계약에 따라 미래에 발생할 현금흐름과 사업자체자산을 담보로 자금을 조달하는 금융기법이다.

② 프로젝트 금융의 상환재원은 프로젝트 자체자산에 의존한다.

③ 사업주의 재무상태표에 해당 부채가 표시되지 않는다.

④ 원사업주의 입장에서는 비소구 또는 제한적 소구방식이므로 상환의무가 제한되는 장점이 있다.

⑤ 금융기관의 입장에서는 부외금융 효과에 의해 채무수용능력이 커지는 장점이 있다.

69. 프로젝트 파이낸싱에 대한 설명으로 틀린 것은?

① 프로젝트의 자본환원율은 자본의 기회비용과 프로젝트의 투자위험을 반영한다.

② 자본환원율이 상승하면 부동산 자산가치가 상승하게 되므로 신규개발사업 추진이 용이해진다.

③ 프로젝트 금융의 자금은 위탁관리하는 것이 원칙이다.

④ 프로젝트의 위험을 낮추기 위해서 금융기관은 시행사 및 시공사에게 자기자본의 투입비중을 확대할 것을 요구한다.

⑤ 프로젝트 위험이 높을수록 투자자의 요구수익률은 높아진다.

70. 부동산 투자회사에 관한 설명으로 틀린 것은?

① 자기관리리츠는 자산운용 전문인력을 포함한 임직원을 상근으로 두고 자산의 투자 운용을 직접 수행하는 회사이다.

② 영업인가를 받거나 등록을 한 날부터 6개월이 지난 기업구조조정 부동산투자회사의 자본금은 50억원 이상이 되어야 한다.

③ 위탁관리 부동산투자회사와 기업구조조정 부동산투자회사는 모두 명목형 회사의 형태로 운영된다.

④ 자기관리리츠는 자산을 투자·운용할 때에는 전문성을 높이고 주주를 보호하기 위하여 자산관리회사에 위탁하여야 한다.

⑤ 감정평가사 또는 공인중개사로서 해당 분야에 5년 이상 종사한 사람은 자기관리 부동산투자회사의 상근 자산운용 전문인력이 될 수 있다.

71. 부동산 투자회사에 대한 설명으로 옳은 것은?

① 자기관리 부동산투자회사의 설립 자본금은 5억원 이상이며 영업인가 후 6개월 이내에 50억원 이상을 모집하여야 한다.

② 부동산투자회사는 금융기관으로부터 자금을 차입하거나, 사채를 발행할 수 없다.

③ 위탁관리 부동산투자회사는 본점 외의 지점을 설치할 수 있으며, 직원을 고용하거나 상근 임원을 둘 수 있다.

④ 위탁관리리츠는 주주를 보호하기 위해서 직원이 준수해야 할 내부통제기준을 제정하여야 한다.

⑤ 위탁관리 부동산투자회사의 경우 주주 1인과 그 특별관계자는 발행주식총수의 50%를 초과하여 소유하지 못한다.

72. 저당의 유동화 및 저당시장에 대한 설명으로 틀린 것은?

① 제1차 저당대출시장은 저당대출을 원하는 수요자와 저당대출을 제공하는 금융기관으로 형성되는 시장이다.

② 저당유동화가 활성화 되면 주택금융의 축소로 자가소유가구 비중이 감소한다.

③ 저당이 유동화되면 주택금융이 확대됨에 따라 대출기관의 자금이 풍부해져 궁극적으로 주택자금대출이 확대될 수 있다.

④ 제2차 저당시장은 저당권을 유동화함으로써, 1차 저당시장에 자금을 공급하는 역할을 한다.

⑤ 우리나라의 모기지 유동화중개기관으로는 한국주택금융공사(HF)가 있다.

73. 저당 유동화 증권에 대한 설명으로 틀린 것은?

① MPTS(mortgage pass-through securities)는 지분형 증권이다.

② MPTS(mortgage pass-through securities)의 조기상환 위험은 투자자가 부담한다.

③ MBB의 투자자는 최초의 주택저당채권 집합물에 대한 소유권을 갖는다.

④ CMO(collateralized mortgage obligations)는 트랜치별로 적용되는 이자율과 만기가 다른 것이 일반적이다.

⑤ CMO(collateralized mortgage obligation)는 상환우선순위와 만기가 다른 다양한 층(tranche)으로 구성된 증권이다.

74. 저당 유동화 증권에 대한 설명으로 옳은 것은?

① MPTB(mortgage pay-through bond)의 경우, 조기상환 위험은 발행자가 부담하고, 채무불이행 위험은 투자자가 부담한다.

② MBB(mortgage backed bond)는 채권형 증권으로 발행자는 초과담보를 제공하는 것이 일반적이다.

③ MBB(주택저당채권담보부채권)의 저당채권(mortgage)에 대한 소유권과 원리금수취권은 모두 투자자에게 이전된다.

④ 주택저당담보부채권(MBB)의 경우에는 원저당차입자의 채무불이행이 발생한다면 발행자가 투자자에게 원리금을 지급할 의무가 없다.

⑤ MPTB의 발행자는 주택저당채권 집합물을 가지고 일정한 가공을 통해 위험-수익구조가 다양한 트랜치의 증권을 발행한다.

75. 부동산 개발과 관련된 설명으로 틀린 것은?

① 부동산 개발이란 토지를 건설공사의 수행 또는 형질변경의 방법으로 조성하는 행위 및 건축물을 건축·대수선·리모델링 또는 용도변경 하거나 공작물을 설치하는 행위를 의미하며, 시공을 담당하는 행위를 포함한다.

② 부동산 개발업의 관리 및 육성에 관한 법률상 부동산 개발업이란 타인에게 공급할 목적으로 부동산 개발을 수행하는 업을 말한다.

③ 민간이 자본과 기술을 제공하고 공공기관이 인·허가 등의 행정적인 부분의 효율성을 담당하여 시행되는 개발을 제3섹터(sector)개발이라고 한다.

④ 정부의 정책이나 용도지역제와 같은 토지이용규제로 인해 개발의 법률적 위험이 발생하기도 한다.

⑤ 부동산 개발의 일반적 과정은 아이디어→예비적 타당성→부지확보→타당성분석→금융→건설→마케팅순으로 이어진다.

76. 부동산 개발의 위험에 대한 설명으로 틀린 것은?

① 인·허가시 용적률의 증가 및 매수예정 사업부지의 가격상승은 사업 시행자의 위험을 증가시키는 요인이다.

② 문화재 출토로 인한 사업중단은 시행사가 관리할 수 없는 위험이다.

③ 법적 위험을 최소화하기 위해서는 이용계획이 확정된 토지를 구입하는 것이 유리하다.

④ 행정의 변화에 의한 사업의 인·허가 지연은 시행사 또는 시공사가 스스로 관리할 수 없는 위험에 해당한다.

⑤ 사업지 주변의 SOC시설의 확충 지연은 시행사 스스로가 관리할 수 없는 요인이다

77. 부동산 개발분석과 관련된 설명으로 옳은 것은?

① 개발사업과 관련된 지역의 경제활동, 인구와 소득 등 대상지역 전체에 대한 총량적 지표를 분석하는 것을 시장성분석이라고 한다.

② 부동산이 가진 경쟁력을 중심으로 해당 부동산이 분양될 수 있는 가능성을 분석하는 것을 지역경제 분석이라고 한다.

③ 공급된 부동산이 시장에서 일정기간 동안 소비되는 비율을 조사하여 해당 부동산 시장의 추세를 파악하는 분석을 민감도 분석이라고 한다.

④ 흡수율 분석은 유사부동산에 대한 추세분석으로서, 흡수율 분석의 궁극적 목적은 개발 부동산의 장래예측에 있다.

⑤ 타당성 분석에 활용된 투입요소의 변화가 그 결과치에 어떠한 영향을 주는가를 분석하는것을 흡수율 분석이라고 한다.

78. 부동산 개발에 대한 다음의 설명 중 옳은 것은?

① 정비기반시설이 극히 열악하고 노후·불량 건축물이 과도하게 밀집한 지역의 주거환경을 개선하기 위해서 시행하는 사업을 주거환경관리사업이라고 한다.

② 환지방식이란 미개발 토지를 토지이용계획에 따라 구획정리하고 기반시설을 갖춤으로써 이용가치가 높은 토지로 전환하여 개발토지의 일부를 원소유자에게 재매각하는 것이다.

③ 단독주택 및 다세대 주택이 밀집한 지역에서 주거환경을 정비하는 사업을 재개발이라고 한다.

④ 토지소유자가 조합을 설립하여 농지를 택지로 개발한 후 보류지(체비지·공공시설 용지)를 제외한 개발토지 전체를 토지소유자에게 배분하는 방식을 환지방식이라고 한다.

⑤ 토지를 매수하고 환지방식을 혼합하여 개발하는 것을 전면매수방식이라 한다.

79. 부동산 개발과 관련된 설명으로 틀린 것은?

① 자체개발사업방식은 개발이익의 수준이 높고 개발의 속도가 빠르나 위험관리능력이 요구된다.

② 지주공동사업방식에서는 토지소유자는 토지를 제공하고, 개발업자는 노하우를 제공하여 서로의 이익을 추구한다.

③ 토지신탁에서는 신탁회사가 건설단계의 부족자금을 조달한다.

④ 개발이 완료된 후 완공된 건축면적이나 개발부동산의 일부를 토지소유자와 개발업자가 투입비중에 맞게 나누어 갖는 방식을 등가교환방식이라고 한다.

⑤ 토지신탁(개발)방식과 사업수탁방식은 형식의 차이가 있으나, 소유권 이전이 이루어진다는 공통점이 있다.

⑥ 토지신탁방식이란 신탁회사가 토지소유권을 이전받아 토지를 개발한 후 분양하거나 임대하여 그 수익을 신탁자(信託者)에게 돌려주는 것이다.

80. 부동산 신탁에 관한 설명으로 틀린 것은?

① 부동산 신탁에 있어서 당사자는 부동산 소유자인 위탁자와 부동산 신탁사인 수탁자 및 신탁재산의 수익권을 배당받는 수익자로 구성되어 있다.

② 부동산 소유자가 소유권을 신탁회사에 이전하고 신탁회사로부터 수익증권을 교부받아 수익증권을 담보로 금융기관에서 대출을 받는 상품을 토지신탁이라 한다.

③ 처분신탁은 처분방법이나 절차가 까다로운 부동산에 대한 처분업무 및 처분완료시까지의 관리업무를 신탁회사가 수행하는 것이다.

④ 관리신탁에 의하는 경우 법률상 부동산 소유권이 이전된 상태로 신탁회사가 부동산의 관리업무를 수행하게 된다.

⑤ 분양관리신탁은 상가등 건축물 분양의 투명성과 안정성을 확보하기 위하여 신탁회사에게 사업부지의 신탁과 분양에 따른 자금관리업무를 부담시키는 것이다.

81. 부동산 개발방식에 대한 다음의 설명 중 틀린 것은?

① 사업주가 시설준공 후 소유권을 취득하여, 일정 기간 동안 운영을 통해 운영수익을 획득하고, 그 기간이 만료되면 공공에게 소유권을 이전하는 방식을 BOT 방식이라고 한다.

② 사업주가 시설준공 후 소유권을 공공에게 귀속시키고, 그 대가로 받은 시설 운영권으로 그 시설을 공공에게 임대하여 임대료를 획득하는 방식 BLT방식이라고 한다.

③ 사업주가 시설준공 후 소유권을 공공에게 귀속시키고, 그 대가로 일정 기간동안 시설운영권을 받아 운영수익을 획득하는 방식을 BTO방식이라고 한다.

④ 사업주가 준공 후 소유권을 취득하여, 그 시설을 운영하는 방식으로, 소유권이 사업주에게 귀속되는 방식을 BOO방식이라고 한다.

⑤ 학교, 문화시설 등 시설이용자로부터 사용료를 징수하기 어려운 사회기반시설은 BTL을 주로 활용한다.

⑥ 민간사업자가 자금을 조달하여 시설을 건설하고 일정기간 동안 타인에게 임대하고, 임대 종료 후 국가 또는 지방자치단체 등에게 시설의 소유권을 이전하는 방식을 BLT라고 한다.

82. 부동산 관리방식에 대한 다음의 설명 중 틀린 것을 고르면?

① 위탁관리는 관리의 전문성과 효율성을 제고할 수 있다.

② 포트폴리오 관리, 투자의 위험관리는 자산관리의 영역이다.

③ 직접(자치)관리 방식은 업무의 기밀유지에는 유리하나, 업무행위의 안일화를 초래할 수 있는 단점이 있다.

④ 경제적 측면의 부동산 관리는 대상 부동산의 물리적 · 기능적 하자의 유무를 판단하여 필요한 조치를 취하는 것이다.

⑤ 시설관리(facility management)는 부동산 시설을 운영하고 유지하는 것으로 시설사용자나 기업의 요구에 따라는 소극적 관리에 해당한다.

⑥ 혼합관리방식은 필요한 부분만 선별하여 위탁하기 때문에 관리의 책임소재가 불분명해지는 단점이 있다.

83. 부동산 마케팅에 대한 설명으로 틀린 것은?

① 시장세분화 전략이란 수요자 집단을 인구 · 경제적 특성에 따라 구분하는 전략을 의미한다.

② 마케팅믹스에서 촉진관리는 판매유인과 직접적인 인적판매 등이 있다.

③ 분양 성공을 위해 아파트 브랜드를 고급스러운 이미지로 고객의 인식에 각인시키도록 하는 노력은 STP전략 중 포지셔닝(positioning)전략에 해당한다.

④ STP란 고객집단을 세분화(Segmentation)하고 표적시장을 선정(Targeting)하여 판매촉진(Promotion)을 하는 전략이다.

⑤ AIDA는 주의(attention), 관심(interesting), 욕망(desire), 행동(action)의 단계가 있다.

84. 부동산 마케팅에 대한 설명으로 옳은 것은?

① 시장점유전략은 공급자 측면의 접근으로 목표시장을 선점하거나 점유율을 높이는 것을 말한다.

② 관계마케팅은 소비자의 구매의사결정 과정의 각 단계에서 소비자와의 심리적인 접점을 마련하고 전달하려는 정보의 취지와 강약을 조절하는 것을 말한다.

③ 아파트의 차별화를 위해 커뮤니티 시설에 헬스장, 골프연습장을 설치하는 방안은 경로(Place)전략에 해당한다.

④ 시장 세분화(segmentation)전략이란 표적시장의 반응을 빠르고 강하게 자극·유인하는 전략을 말한다.

⑤ 마케팅믹스의 가격관리에서 시가정책은 위치, 방위, 층, 지역 등에 따라 다른 가격으로 판매하는 정책이다.

85. 지역분석과 개별분석에 대한 설명으로 틀린 것은?

① 대상부동산의 최유효이용을 판정하기 위해 개별분석이 필요하다.

② 동일수급권이란 대상부동산과 대체·경쟁 관계가 성립하고 가치 형성에 서로 영향을 미치는 관계에 있는 다른 부동산이 존재하는 권역을 말하며, 인근지역과 유사지역을 포함한다.

③ 개별분석은 대상부동산에 대한 미시적·국지적 분석인데 비하여, 지역분석은 대상지역에 대한 거시적·광역적 분석이다.

④ 지역분석은 개별분석의 선행분석으로, 해당 지역 내 부동산의 표준적 이용과 구체적 가격을 파악하는 것이 목적이다.

⑤ 지역분석은 적합의 원칙과 관련이 있고, 개별분석은 균형의 원칙과 관련이 있다.

86. 부동산 가격 제원칙과 관련된 다음 설명 중 틀린 것은?

① 대체의 원칙은 유사 부동산과의 가격 연관성을 다루는 원칙으로 감정평가 기법중 거래사례비교법과 관련이 있다.

② 적합의 원칙이란 유용성이 최고로 발휘되기 위해서는 부동산 구성요소의 결합이 중요하다는 원칙이다.

③ 점포의 입지선정을 위해 지역분석을 통해 표준적 이용을 판단하는 것은 적합의 원칙과 밀접한 관련이 있다.

④ 균형의 원칙이란 부동산의 가격이 최고조가 되려면 투입되는 생산요소간의 조화가 중요하다는 원칙이다.

⑤ 예측의 원칙에 따라 부동산은 장래의 활용 및 수익가능성이 중시되므로 이는 수익환원법의 토대가 될 수 있다.

87. 감정평가방식에 대한 다음 설명 중 옳은 것은?

① 원가방식은 원가법 및 적산법 등 시장성의 원리에 기초한 감정평가방식을 의미한다.
② 거래사례비교법은 비용성에 근거하는 평가방식으로서 가격을 구할 때는 거래사례비교법을 활용한다.
③ 3방식에 의해 산정한 적산가액, 비준가액, 수익가액을 최종평가액이라고 한다.
④ 비교방식에는 거래사례기준법, 임대사례비교법등 시장성의 원리에 기초한 감정평가방식 및 공시지가비교법이 있다.
⑤ 수익방식은 수익성을 근거로 가액을 산정하는 수익환원법과 임대료를 산정하는 수익분석법이 있다.

88. 원가법의 감가수정과 관련된 설명으로 옳은 것은?

① 감가수정시의 내용연수는 일반적으로 물리적 내용연수를 기준으로 한다.
② 감가수정방법에는 내용연수법, 관찰감가법, 분해법 등이 있다.
③ 정률법이란 내용연수가 만료될 때 감가누계상당액과 그에 대한 복리계산의 이자상당액분을 포함하여 당해 내용연수로 상환하는 방법이다.
④ 정률법에서는 감가누계액이 경과연수에 정비례하여 증가한다.
⑤ 정률법은 매년 일정한 감가율을 곱하여 감가액을 구하는 방법으로 매년 감가액이 일정하다.

89. 원가법에 의한 대상 부동산의 적산가액은?

• 사용승인일 신축공사비 : 6천만원
  (신축공사비는 적정함)
• 사용승인일 : 2022. 9. 1.
• 기준시점 : 2024. 9. 1.
• 건축비상승률 : 매년 전년대비 5% 상승
• 경제적 내용연수 : 50년
• 감가수정방법 : **정액법**
• 내용연수 만료시 잔가율 : 10%

90. 원가법에 의한 대상 부동산의 적산가액은?

- 신축공사비: 8,000만원
- 준공시점: 2022년 9월 30일
- 기준시점: 2024년 9월 30일
- 공사비 상승률: 매년 전년대비 5% 상승
- 전년 대비 잔가율: 80%
- 신축공사비는 준공당시 재조달원가로 적정하며, 공장건물이 설비에 가까운 점을 고려하여 **정률법**을 적용

91. 거래사례비교법에 의한 비준가액은?

- 대상토지: A시 B동 150번지, 토지 130m^2, 제3종 일반주거지역
- 기준시점: 2024년. 9. 1.
- 거래사례의 내역 – 소재지 및 면적: A시 B동 123번지 토지 100m^2
  용도지역: 제3종 일반주거지역
  거래사례가격: 3억원
  거래시점: 2024. 3. 1 (거래사례의 사정보정 요인은 없음)
- 지가변동률 (2024. 3. 1. ~ 9. 1.)
  A시 공업지역 4% 상승, A시 주거지역 5% 상승
- 지역요인 : 대상토지는 거래사례의 인근지역에 위치함
- 개별요인 : 대상토지는 거래사례에 비해 3% 열세하고 획지조건은 5% 우세하며 기타 요인은 일정함
- 상승식으로 계산할 것

92. 공시지가기준법에 대한 설명으로 틀린 것은?

① 공시지가기준법은 표준지공시지가를 기준으로 대상 토지에 맞게 시점수정, 지역요인 및 개별요인 비교, 그 밖의 요인의 보정을 거쳐 대상 토지의 가액을 산정하는 방법이다.

② 시점수정시에는 비교표준지가 있는 시·군·구의 같은 용도지역의 지가변동률을 적용한다.

③ 공시지가기준법 적용에 따른 시점수정시 지가변동률을 적용하는 것이 적절하지 아니하면 한국은행이 조사·발표하는 생산자물가상승률을 적용한다.

④ 적정한 실거래가가 있는 경우 이를 기준으로 토지를 감정평가할 수 있다.

⑤ 적정한 실거래가란 신고된 가격으로 도시지역은 5년 이내, 그 밖의 지역은 3년 이내의 거래가격을 의미한다.

93. 공시지가기준법으로 산정한 대상 토지의 가액은? (주어진 조건에 한함)

- 대상토지 : A시 B구 C동 175번지, 일반상업지역, 상업나지
- 기준시점 : 2024.04.24.
- 비교표준지 : 2024년 1월 1일 기준가격
  - ㉠ C동 183번지, 일반상업지역, 상업용 : 공시지가: 6,000,000원/m²
  - ㉡ C동 134번지, 일반상업지역, 공업용 : 공시지가: 4,000,000원/m²
  - ㉢ C동 154번지, 일반공업지역, 상업용 : 공시지가: 5,000,000원/m²
- 지가변동률 (2024. 1. 1. ~ 2024. 4. 24)
  : 상업지역은 2% 상승하고, 공업지역은 3% 상승함
- 지역요인: 비교표준지는 인근지역에 위치
- 개별요인: 대상토지는 비교표준지 ㉠에 비해 가로조건에서 5% 우세하고 환경조건에서 10% 열세이고 ㉢에 비해 접근조건에서 20% 우세하다.
- 그 밖의 요인보정 : 대상토지 인근지역의 가치형성요인이 유사한 정상적인 거래사례 및 평가사례 등을 고려하여 그 밖의 요인으로 20% 증액 보정함

94. 수익환원법으로 산정한 수익가액은?

- 가능총소득(PGI): 1억원
- 공실손실상당액 및 대손충당금: 가능총소득의 5%
- 재산세: 300만원
- 화재보험료: 200만원
- 영업소득세: 400만원
- 건물주 개인업무비: 500만원
- 토지가액 : 건물가액 = 40% : 60%
- 토지환원이율: 5 %
- 건물환원이율: 10 %

95. 감정평가에 관한 규칙에 대한 설명으로 옳은 것은?

① 기준시점이란 대상물건의 감정평가액을 결정하는 기준이 되는 날짜로, 가격조사를 개시한 날짜로 하는 것이 원칙이다.
② 하나의 대상물건이라도 가치를 달리하는 부분은 이를 일괄하여 감정평가하는 것이 원칙이다.
③ 감정평가법인등은 대상물건의 특성에 비추어 사회통념상 필요하다고 인정되는 경우에는 대상물건의 감정평가액을 시장가치 외의 가치를 기준으로 결정할 수 있다.
④ 임대료를 평가할 때는 수익분석법을 쓰는 것이 원칙이다.
⑤ 자동차를 감정평가할 때에 원가법을 적용하여야 하나, 본래 용도의 효용가치가 없는 물건은 해체처분가액으로 평가한다.

96. 감정평가에 관한 규칙에 대한 설명으로 옳은 것은?

① 통상적인 시장에서 충분한 기간 동안 거래를 위해 공개된 후 정통한 당사자 사이에 신중하고 자발적 거래가 있을 경우 성립될 가능성이 높다고 인정되는 가액을 정상가치라고 한다.

② 인근지역이란 감정평가의 대상이 된 부동산이 속한 지역으로서 부동산의 이용이 동질적이고 가치형성요인 중 개별요인을 공유하는 지역을 말한다.

③ 동일수급권이란 대상부동산과 대체·경쟁 관계가 성립하고 가치형성에 서로 영향을 미치는 관계에 있는 다른 부동산이 존재하는 권역을 말하며, 인근지역과 유사지역을 제외한다.

④ 가치형성요인은 시장가치에 영향을 미치는 일반, 지역, 개별요인등을 말한다.

⑤ 유사지역이란 대상부동산이 속하지 아니하는 지역으로서 인근지역과 유사한 특성을 갖는 지역을 말한다.

97. 감정평가에 관한 규칙에 대한 설명으로 옳은 것은?

① 적산법은 기초가액에 기대이율을 곱하여 기대수익을 산정한 후 필요제경비를 합산하여 적산임료를 산정하는 방법이다.

② 거래사례비교법이란 대상물건과 같거나 비슷한 거래사례와 비교하여 대상물건에 맞게 사정보정, 시점수정, 가치형성요인 비교 등의 과정을 거쳐 임대료를 산정하는 방법이다.

③ 수익분석법이란 대상물건이 장래 산출할 것으로 기대되는 순수익이나 미래의 현금흐름을 환원하거나 할인하여 대상물건의 가액을 산정하는 감정평가방법을 말한다.

④ 공시지가기준법은 수익방식에 근거한 평가방법이다.

⑤ 원가법이란 대상물건의 재조달원가에 감가수정을 하여 대상물건의 임대료를 산정하는 감정평가방법을 말한다.

98. 물건별 평가방법 중 거래사례비교법을 활용하는 것을 모두 고르면?

(ㄱ) 건물	(ㅂ) 과수원
(ㄴ) 광업재단	(ㅅ) 산지와 입목을 일괄하여 평가
(ㄷ) 동산	(ㅇ) 소경목림
(ㄹ) 어업권	(ㅈ) 입목
(ㅁ) 항공기	(ㅊ) 상장주식 및 채권

99. 부동산 가격공시제도와 관련된 설명으로 옳은 것은?

① 국토교통부장관은 표준지공시지가를 조사산정하고자 할 때에는 한국부동산원에 의뢰한다.

② 표준지 공시지가는 국가지방자치단체 등이 그 업무와 관련하여 개별주택가격을 산정하는 경우에 그 기준이 된다.

③ 국토교통부장관은 공시기준일 이후에 분할·합병 등이 발생한 토지에 대하여는 대통령령으로 정하는 날을 기준으로 하여 개별공시지가를 결정·공시하여야 한다.

④ 국토교통부장관은 공동주택 중에서 선정한 표준주택에 대하여 매년 공시기준일 현재 적정가격을 조사·산정하고, 중앙 부동산가격공시위원회의 심의를 거쳐 이를 공시하여야 한다.

⑤ 시장·군수·구청장이 개별주택가격을 결정·공시하는 경우에는 해당 주택과 유사한 이용가치를 지닌다고 인정되는 표준주택가격을 기준으로 주택가격비준표를 사용하여 가격을 산정한다.

100. 부동산 가격공시제도와 관련된 설명으로 틀린 것은?

① 표준지로 선정된 토지에 대하여 개별공시지가를 결정·공시하지 아니할 수 있다.

② 개별공시지가에 이의가 있는 자는 그 결정·공시일부터 30일 이내에 서면으로 시장·군수 또는 구청장에게 이의를 신청할 수 있다.

③ 농지보전부담금 및 개발부담금의 부과대상이 아닌 토지는 개별공시지가를 결정·공시하지 아니할 수 있다.

④ 표준주택가격 및 공동주택가격은 주택시장의 가격정보를 제공하고, 국가지방자치단체 등이 과세 등의 업무와 관련하여 주택의 가격을 산정하는 경우에 그 기준으로 활용될 수 있다.

⑤ 표준지의 도로상황은 표준지공시지가의 공시사항에 포함될 항목이다.

제35회 공인중개사 시험대비 **전면개정판**

2024 박문각 공인중개사
이영섭 파이널 패스 100선 1차 부동산학개론

초판인쇄 | 2024. 7. 20.   **초판발행** | 2024. 7. 25.   **편저** | 이영섭 편저

발행인 | 박 용   **발행처** | (주)박문각출판   **등록** | 2015년 4월 29일 제2019-000137호

주소 | 06654 서울시 서초구 효령로 283 서경 B/D 4층   **팩스** | (02)584-2927

전화 | 교재 주문 (02)6466-7202, 동영상문의 (02)6466-7201

저자와의
협의하에
인지생략

정가 22,000원
ISBN 979-11-7262-131-5